U0495037

外贸创业1.0

SOHO轻资产创业

毅冰 著

中国海关出版社有限公司
·北京·

图书在版编目（CIP）数据

外贸创业1.0：SOHO轻资产创业/毅冰著.—北京：中国海关出版社有限公司，2021.1

ISBN 978-7-5175-0490-0

Ⅰ.①外… Ⅱ.①毅… Ⅲ.①对外贸易—创业 Ⅳ.①F75

中国版本图书馆CIP数据核字（2020）第261922号

外贸创业1.0——SOHO轻资产创业
WAIMAO CHUANGYE 1.0——SOHO QING ZICHAN CHUANGYE

作　　者：毅　冰	
策　　划：马　超	
责任编辑：郭　坤	
责任印制：孙　倩	
出版发行：中国海关出版社有限公司	
社　　址：北京市朝阳区东四环南路甲1号	邮政编码：100023
编辑部：01065194242-7539（电话）	01065194231（传真）
发行部：01065194221/4238/4246/4227（电话）	01065194233（传真）
社办书店：01065195616（电话）	01065195127（传真）
印　　刷：北京利丰雅高长城印刷有限公司	经　销：新华书店
开　　本：710mm×1000mm　1/16	
印　　张：11.75	字　数：180千字
版　　次：2021年1月第1版	
印　　次：2024年5月第4次印刷	
书　　号：ISBN 978-7-5175-0490-0	
定　　价：59.00元	

海关版图书，版权所有，侵权必究
海关版图书，印装错误可随时退换

自序

别让梦想走太远

如果时光回到二十年前,你想对当年青涩的自己说些什么?

你会告诉那时的自己,你完全实现了儿时的梦想,成为一直想成为的自己?还是一切早已是镜花水月,你离梦想越来越远?

你会叮嘱那时的自己,未来的世界会更难更残酷,现在一定要好好加油,还是云淡风轻地笑着摇摇头,告诉自己一切可随遇而安?

你会建议那时的自己,要勇敢迈出一步,独立创业,多给未来的自己一个选择的机会,还是苦口婆心地规劝和阻止自己,千万不要去冒险?

我相信不管如何选择,对于过去,大多数人多多少少都有些悔意,有些感悟,有些回忆,因为一切无法重来,时光无法逆转。我们总在失去之后,才懂得珍惜;时过境迁,才感到后悔。可人生中有太多的追悔莫及。

01. 无所谓对错

杜甫的"万里悲秋常作客",李煜的"梦里不知身是客",欧阳修的"十年前是尊前客",揭示了诸多的无奈和怆然。身不由己,辗转反侧,如沁鼓般落寞悲凉。

也许你尝试过，跋山涉水，奋力向前，但因为种种原因失败、失意甚至遍体鳞伤。

也许你放弃过，裹足不前，畏首畏尾，但随后反反复复或后悔、或纠结、或捶胸顿足。

这里本没有对错，关键是，你内心深处的梦想究竟是什么？这是你的真实想法，还是人云亦云的结果？

没人能给你答案，又或许没有答案。每个人都像是一部独立的小说，你是作者，笔下的主角就是你想象中的自己，在镜像和现实的两个世界中穿梭。你想怎么写，你想怎么改，所有的起承转合，前端的伏笔，中间的意外，最后的结局，一切皆在你心。

若你自始至终都有创业的想法，思路清晰、规划明确、坚定不移，不做这件事情你永远都没法静下心来，仿佛有一根无形的绳在不断牵扯自己。那好，在合适的时候，不妨给自己一个机会，纵然无功，至少无悔。

02. 创业前的思考

假如真是这样，不妨先问一问自己以下三个问题，并且带着这些问题，来阅读这本书。

——我该做什么？

——我该怎么做？

——要如何开始？

一旦有了决定，就不要总停留在计划和想象中，不断做计划，不断做方案，跟亲戚朋友谈得热火朝天，但还是什么行动都没有。

外贸人大多都有一个创业梦，这没什么不好意思的。但只有极少数人敢于行动，大多数人限于想象。我没有办法告诉你，哪个选择更好，哪个选择正确，有没有可能成功，抑或失败的概率多高。因为个体差异，每个人在执行过程中的不同选择，都会让结果大相径庭。

你吃过的饭，你走过的路，你犯过的错，你尝过的苦，你踩过的坑，都在某种程度上造就了如今的你。

但它不代表将来的你。

你见的世面，你学的东西，你花的时间，你悟的智慧，你读的书籍，才会决定未来的你所处的位置。

现在无法确定。

很多事情，等你准备充分，就已经错过。

八千里路云和月，你的以后，或许在当下这一刻，就已经注定。

路在脚下，不管你如何选择，都请记住，别给自己留遗憾，别让梦想走太远。

毅冰

2020 年 9 月 11 日于杭州

目录

第一篇 思考篇

第一章 外贸SOHO，我能做吗

1.1 SOHO的职业魅力 / 003

1.2 我没做过外贸，能创业吗 / 009

1.3 普通外贸人创业的难度系数 / 013

1.4 "轻资产"到底有多轻 / 020

1.5 创业的终极问题 / 025

第二章 想明白了就动手

2.1 选品不是"拍脑门"的事情 / 029

2.2 打造低成本MVP模型 / 034

2.3 技术流的极大风险 / 037

2.4 研究你的专属生意模式 / 040

2.5 外贸红海时代如何求生 / 042

第二篇　实践篇

第三章　低成本"懒人"开发术

3.1　世界因"懒人"而美好　/　049

3.2　SOHO的预算瓶颈　/　051

3.3　让你的生意24/7在线　/　053

3.4　"懒人"大法第一步　/　058

3.5　"懒人"大法第二步　/　061

3.6　"懒人"大法第三步　/　063

第四章　外贸初创企业工具百宝箱

4.1　寻找灵感，去看看别人怎么做　/　067

4.2　图片为王，免费资源实在太棒　/　070

4.3　数据时代，大数据下的小数据　/　076

4.4　流量沉淀，自建站与专业建站　/　083

4.5　文件制作，高大上没有那么难　/　087

4.6　用低成本外包一切　/　089

第五章　销售渠道的系统化梳理

5.1　O&O一体化思维　/　091

5.2　展会时代和电商时代的差异化打法　/　095

5.3　抢夺B2B流量的元凶　/　104

5.4　SNS全网营销　/　108

5.5　海关数据的DGL组合拳　/　110

5.6　EDM渗透式营销　/　118

第三篇　思维篇

第六章　不对称竞争思维

6.1　你跟同行有什么不同　/　123

6.2　在众强环伺中脱颖而出　/　126

6.3　如何让客户记得你　/　132

6.4　能否往跨境电商转型　/　138

6.5　如何看待如今的直播风口　/　143

第七章　外贸创业的逆向拓展思维

7.1　是蜜糖还是毒药　/　151

7.2　我偏不　/　158

7.3　也许你不懂招聘　/　161

7.4　招聘背后的逆向思维　/　165

7.5　下一步怎么走　/　167

外贸创业 1.0
——SOHO 轻资产创业

第一篇

思考篇

第一章
外贸 SOHO，我能做吗

> 谋后而定，行且坚毅。
> ——《曾国藩家书》

1.1 SOHO 的职业魅力

SOHO一词，其实来源于英文Small Office Home Office的首字母缩写，一般用于指代"以居家办公为主的小公司"。在国外，SOHO指的是freelancers（自由职业者）中的一员，譬如自由撰稿人、独立设计师、兼职销售员、自由翻译者、自由音乐人等，无须朝九晚五领取薪水，而是根据不同的项目和贡献赚取收入。在本书中SOHO既指居家办公的小公司，也指开办这些小公司的人员。

在中国，随着互联网时代的到来，职业的碎片化分工愈加细致，很多人开始居家工作，自由安排时间，尝试自己给自己打工。

对于外贸人这个群体而言，SOHO是很多朋友向往，或者正在为之奋斗。同时，它也让形形色色的后来者垂涎欲滴。那么为什么大家都向往SOHO呢？

不喜欢受约束的工作？不是的。

不希望收入死水一潭？也未必。

不愿意未来看得到头？不绝对。

我相信大多数人都不会一时冲动而鲁莽行事，碰得头破血流。既然做出选择，往前迈出这一步，那就一定有内在的考量，会权衡利弊，会评估风险，会计算得失。那为什么会想走SOHO这条路呢？没有其他更好的选择吗？当然不是，就这件事情，我问过很多朋友，得到的答案也不尽相同。

案例 1-1

外贸人对 SOHO 模式的考量

——F小姐是一位从业六年的外贸人，自从生了二胎后，她要花费大量的时间照顾两个孩子，短期内根本无力在职场上打拼。

她不想和社会脱节，也不想做一个纯粹的家庭主妇，而想要从事一份轻量级的工作，可以随时把精力投放在孩子身上，于是，SOHO就成了她的最优选择。

——L先生在浙江永康的一家户外用品工厂做外贸业务员已经有四年。近年来，他对自己的工作出现了倦怠感。不变的薪酬架构，过高的考核标准，呆板的日常工作，让他开始迷茫。

跟他同一时间入行的同学和朋友们，有些自己创业有了些许成就，有些在大公司管理重要部门，有些做了SOHO如鱼得水，这让他自惭形秽的同时，也对这些成功案例充满艳羡，从而毅然决然开始了自己的外贸SOHO生涯。

——Z小姐的情况则更加特殊一些，她是典型的女强人，也是一等一的学霸。在复旦大学求学期间，她就明确了自己的目标和方向，喜欢且愿意从事外贸行业，并且充满激情。她的长远目标就是独立创业，拥有自己的贸易公司。

为了实现这个目标，她从大三开始就自学外贸方面的课程和技能，争取了多个实习机会。毕业时，她已经拥有了两年零散的经验，加上自己够勤奋，她直接上手工作，独立负责一个业务小组。又过了一年多，她已经是公司外贸部门的副总，年轻有为，有能力、有资源。接下来为了实现自己的既定目标，她辞职创业，从SOHO开始，顺理成章。

我相信，每个人在选择这一步的时候，都有自己的考量，会根据自身的实际情况，去权衡利弊。比如上面案例中的F小姐，最看重时间自由；L先生看到身边的成功案例，心痒难耐，希望自己也可以跟朋友们一样成功；Z小姐是有明确的目标，从学习到工作，一步步稳扎稳打，为自己的理想而努力。

每个人的情况和理由或许不同，但必然有内在的逻辑支撑自己的决定和选择。

除此之外，不封顶的收入、相对低廉的成本、可控的风险等，都是充满吸引力的因素，也是很多朋友选择SOHO作为职业跳板的原因所在。

若是简单总结一下，SOHO的职业魅力究竟有哪些，我认为，或许可以从图1-1中的六个角度来分析和阐述。

图1-1　SOHO的职业魅力

01. 赚钱

这无可厚非，也没什么好解释的。创业的目的，不管有多高尚，不管初心有多纯粹，理想有多远大，最终一定跟经济利益相关，没有办法彻底脱离。只要不是慈善行业，一定以营利为最终目的。

赚钱，必然是外贸创业最大的源动力，所以我把它排在外贸SOHO职业魅力的第一位。

02. 低风险

创业最大的难题，不是"可见的收益"有多高，而是"需要承受的风险"有多大。

阿里巴巴的高级合伙人Bruce Tsai（蔡崇信）曾经提出过Upside Benefit（上行收益）和Downside Risk（下行风险）对比的思考模型。

他在马云创业之初就毅然加入，就是按照这个标准来衡量的。那时候的蔡崇信是某投行在香港分公司的高管，年薪是七十万美元，而创业之初的马云能给他的仅仅是五百块人民币的月薪。

他认可马云的理念和愿景，也相信互联网的伟大前景，认为"上行收益"是无限大的。再考虑"下行风险"，他当下损失的，无非是七十万美元年薪的投行工作，完全可以接受。哪怕几年后，阿里巴巴失败了，他依然可以转身，重新回到投行。

下行风险可控，而上行收益无限大，这就让当时的蔡崇信义无反顾，在众多的反对声中协助马云，开启了阿里巴巴的创业之路。

而对于大部分外贸人而言，SOHO这条路，起步成本不高，需要投入的资金远少于开贸易公司和运营工厂。因为变成自雇人士，所以短期无薪阶段也能承受，这构成了"低风险"的要素，也大大降低了创业的门槛。

03. 时间自由

外贸SOHO最大的特殊性，就在于时间自由，无论兼职还是全职的朋友都可以涉足其中。

需要大量时间照顾孩子，有空余时间想做兼职，不想跟外贸老本行脱节，希望职业生涯有延续性。可以自主安排时间，自由灵活处理工作，可以不逼着自己每天早起，可以在状态不好的时候休息，可以在旅行散心的时候顺便工作，不需要卡着时间休年假、看老板脸色，这些理由难道还不够吗？

04. 别人的肯定

在职业生涯中，谁不想得到别人的赞美和羡慕呢？

有机会当老板，有机会拥有自己的公司，有机会成为别人眼中的学习标杆，享受亲戚朋友和生意伙伴的恭维，这会让人获得一种难以言喻的精神愉悦。

如果说，赚钱是物质上的回报。那别人的肯定，就属于精神上的回报。

虽然我们常说"走自己的路，让别人说去吧"，但是人活在世俗中，是很难独行其是的。这就是为什么，我们需要别人的肯定，因为这会成为我们努力拼搏的动力。

05. 自身的满足感

除了别人的肯定，自身的满足感，同样是这个职业所带来的极大附加值。

哪怕成功开发一个小客户，哪怕仅仅是一个300美元的小订单，它带来的满足感和成就感也是巨大的。因为从零到一拿下一个新客户，是开拓的过程，会让人充满斗志，同时享受成功的喜悦。而这个已然拿下的客户，谁知道，未来会不会成为你的贵人，成为你职业生涯中最大的客户呢？

一切皆有可能，正因为这种可能性的存在，对于"自己生意"的用心和上心，以及自身的满足感会变得无比强烈。给老板打工，哪怕拿下十万美元的订单所获得的满足感或许都不如自己干SOHO谈下一万美元订单带来的成就感。

因为喜欢，因为未来无限的可能，因为工作带来的满足感让外贸SOHO充满吸引力。

06. 为下一步做跳板

下一步是什么？赚更多钱？开发更多订单？做大做强？扩充团队？从SOHO过渡到贸易公司？从游击队往正规军发展？跟客户深度合作？跟供应商深度合作？依托现有的订单自己开工厂？

不管是什么，我相信每个外贸人在创业之初都会有一个基本的规划，一个职业发展的长远目标。而实现目标的过程往往是曲折和艰难的。

对于大部分创业者来说，资金、人才、订单，都是现实存在的难题。在低预算的前提下，以外贸SOHO的形式创业，为下一步打好基础，成为许多朋友的优先选择。

这跟我们买房子有异曲同工之妙，工作多年后大家都想拥有自己的住房，如果不是"家里有矿"，或者自己天赋异禀，要一步到位买一套非常满意的大房子，对于大多数人来说都是有难度的。所以我们会在自己能力范围内，选择入手相对小一些的住宅过渡，然后再继续赚钱和存钱，为接下来入手第二套房，或者置换更满意的房子而努力。

这个"过渡的房子"，其实就相当于创业过程中的"跳板"。

以上这六大要素，就是我对于SOHO的职业魅力所做的一个简单归纳。不一定完整，但是基本满足大多数外贸人的期许。若是你也有这个想法，不妨自我对照一下，是什么原因，促使你想要走这一步。

1.2 我没做过外贸，能创业吗

这是个很有意思的话题。外贸创业究竟是否需要丰富的经验？

我相信很多人认定，丰富的从业经验是创业成功的必要条件。没有七八年的经验积累，直接做SOHO且做成的概率非常低。可事实真的如此吗？

从统计学的角度上看，大概率是如此，可也有不少的例外。规则，往往就是用来打破的。我们说"一般情况下……"，后面或许就会跟着"但是……"。

我们可以先设想一下，以下几种生活中常见的场景。

*杭州某咖啡厅的老板，过去是不是在咖啡领域里摸爬滚打多年？
*南通某网店的投资人，过去是不是给其他电商公司打工？
*广州某户外用品工厂的创始人，过去是不是从事过对口的行业？

这三位都是我认识多年的朋友，他们的故事是完全真实的，这里我可以简单公布一下正确答案，给大家参照印证。

第一位，咖啡厅的老板，过去是阿里巴巴的员工，跟咖啡行业毫无关系。他仅仅因为爱好，去用心钻研和学习了运营一家线下的咖啡店，然后把梦想化为现实。

第二位，网店的投资人，过去是上海某外企的人事总监，跟网店没有直接联系。只是因为家人有运营网店的想法，有相关货源，而他提供了自己的经验和资金，并且亲身参与，成为了这家小电商公司的股东兼合伙人。

第三位，户外用品工厂的创始人，过去在事业单位工作，跟生产制造业并不沾边。只因他的亲戚做帐篷的出口生意，总是苦于供应商不配合，好的工厂难找，于是他毅然决定下海经商，自己开工厂，这么多年跌跌撞撞过来才有了今天。

从严格意义上看，他们都属于跨界创业，也都因此而获得了普遍意义上的成功。所以我们可以得到一个很明确的结论，就是"跨界创业"本身是存在的，存在即合理，并非不可能完成的任务。而我们这一节的标题是，"我没做过外贸，能创业吗"，答案显然很明确，是可以的。

那我们能否因此而断定，外贸行业门槛不高，只要有信心，只要肯努力，就能"跨界创业"？这自然是不行的。如果你作为一个外行人士，从未做过外贸，想"跨界创业"，我不敢说你肯定不能成功，但成功的概率，一定不高。

在你雄心勃勃启动自己的生意之前，我建议你先认真考虑以下五个问题，如果你都有一定的准备，或者能迅速找到答案，我可以负责任地告诉你，你的成功概率会远高于大多数人。

> *问题一：你的项目或产品究竟有什么特点？
> *问题二：你跟同行的差异在哪里？
> *问题三：你有没有特殊的渠道销售产品？
> *问题四：你的供应商是否可靠？
> *问题五：你的利润如何保障？

这五个问题整合起来，无非就是你可以创业，但是需要有"一技之长"或"多技之长"，否则将寸步难行。

如果说，你的产品非常独特，有核心技术，有自己的发明专利、实用新型专利，可以垄断某个小小的行业，给同行设计壁垒，这算是一个优势。

如果说，你的产品工艺跟同行不同，你有办法把成本降低30%，而且你的管理成本可以优化到极致，在这种情况下，你跟同行的价格容易拉开差距，这当然也是优势。

如果说，你擅长自建网站，懂得社交软件引流，懂得多渠道全网营销，能够将流量聚焦于自己的企业官网，然后逐步转化，这同样是优势。

如果说，你有特别配合的供应商，你们有多年的合作经历，彼此知根知底，在价格、付款方式、交货时间、免费样品等方面，他能够给你全方位的支持，这绝对是优势。

如果说，你有进口商的资源，能够通过某个老客户，打入大买家的供应链，进口商给你维护海外部分的订单、进行客户公关，你只需要管理好产品品质和交货期，利润基本可以锁定，彼此共享，这自然也是优势。

总而言之，外贸创业，我觉得就好比图1-2的三角模型，你至少要占有其一，才有可能逐鹿中原，开疆拓土。

Triangular Model For Running A Small Business

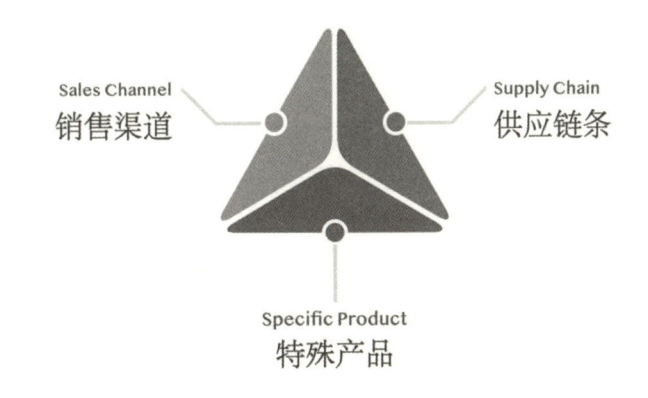

Sales Channel 销售渠道

Supply Chain 供应链条

Specific Product 特殊产品

图1-2　创立小微外贸企业的三角模型

要么占据销售端，有自己的销售渠道，比如老客户、高度意向的潜在客户，或者你有在某些市场定向开发的丰富经验，等等。

要么占据供应端，有稳定的供应链条，一系列产品都有老供应商来配合，可以支持你开发客户、配合客户打样、接零碎订单和试单、做定制类产品。

要么占据产品端，有排他的特殊产品，不管是设计还是创意，都有别于市场上的"大路货"，能够吸引专业客户，产品难以被抄袭和复制。

案例 1-2

远洋水手的外贸创业路

我的一个远房亲戚，他做一种相框类的工艺品的出口生意。他做外贸十多年，生意越做越好，公司从起步时一个人的小SOHO，逐渐变成了十多人的贸易公司，年产值超过800万美元。

他跟大多数销售出身或技术出身的同行不一样，他过去是个远洋水手，随着班轮航行于世界各地，见识过太多的风土人情，有相当多的阅历。某天他突发奇想，收集了全世界不同的水手结造型，用麻绳手工制作不同的水手结，然后放入玻璃相框内，做成工艺品，回老家的时候送给亲戚朋友，也送给其他国家的海员。大家感觉这个礼品非常上档次，而且是手工制作，是根本就买不到的东西，很珍贵，所以都特别喜欢。

他就开始想，既然他自己都可以做，为什么不把这个样品做出来，然后外发给工厂，变成规模化的生产呢？说做就做，他辞职后，在当地注册了一个小贸易公司，自己找工厂，跑上游配件和物料供应商，打样及核算价格，最终找到了可以给他批量生产的供应商。

此外，他尝试用多种木材做外框，从普通的松木，到东南亚橡木，到德国榉木，再到加拿大红松木，每个款式都非常精致漂亮，做出了一系列的产品线。很多欧洲和美国客户，特别喜欢购买这类产品，将其放在家里和办公室里作为装饰品。从他回家创业的那一刻，他的生意就注定了拥有上升的态势。

所以打造特殊产品，未必只是工厂的事情，你要是觉得做产品跟贸易公司没关系，那你就大错特错了。要知道，工厂负责的是生产，是加工，是代工，它未必可以做好设计、研发和其他多方面的事。

富士康是全球最大的电子产品代工厂，苹果公司是富士康的客户，是甲方。但是iPhone（苹果手机）的成功，从设计到定位，从研发到采购，从技术到外观，从软件到硬件，这些跟产品息息相关的要素，大多都是苹果公司研发的，并没有深度依赖富士康这家代工厂。

所以，苹果公司的成功，并不仅仅是成功品牌打造那么简单，产品的特殊性和不可替代性，才是其核心价值所在。竞争壁垒非常高，竞争对手很难打破。

只要你有"一技之长"，而且有可能把长处转化为商场上的优势，有途径把自己的优势变现，那自然没什么不可能的，完全可以尝试。

譬如有些朋友擅长自建网站；有些朋友特别懂产品；有些朋友在销售上很有一套；有些朋友深耕供应链，有不错的货源；有些朋友手里有非常可靠的客户支持……不管你的优势在哪里，在风险和成本可控的前提下，不妨边做边看边调整。

想要万事俱备是不可能的，创业阶段，不是缺这个就是缺那个，都是在执行的过程中，不断面对挑战且不断解决麻烦罢了。

创业当然可以，甚至外行都可以在外贸领域创业，因为门槛不高，因为前期需要投入的资金不多。但需要注意的是，开始可以凭借一腔热血而起步，后来，必须有独特的优势和特点。只有这样，才能在竞争中生存，并占据一席之地。

1.3 普通外贸人创业的难度系数

真正的外贸高手，往往能在各种困境中找到出路。在这些人眼里，创业就是一个生意项目而已，开公司，接订单，资金滚动起来，这些都是顺理成章的事情。

有困难吗？当然有，但过去的经验、自身的专业、敏捷的思维、扎实的谈判技巧、独特的产品卖点，一流的服务，早已经融合变成了特定的武器去攻破各种难题。

案例 1-3

采购办首席代表的创业路

我的一个朋友做床垫生意二十多年，过去是一家美国公司中国采购办的首席代表，一直是公司的销售冠军，对美国市场十分了解，有相当丰富的客户资源和供应商资源。

后来他离开公司自主创业，凭借核心客户的支持、优质供应商的配合、充裕的资金，顺风顺水，公司发展不错，个人身家直线上升。

二十多年来，虽然碰到客户倒闭、美国反倾销反补贴的问题，遇到很多麻烦，订单也没有明显下降，反而把供应商逐步转移到泰国以及美国本土。2020年的新型冠状病毒肺炎疫情，的确给了家具生意沉重一击，他的床垫生意也不例外，受到了重创。但他还是依托两个零售商和部分碎片订单，扛了过去。

他的创业难度大吗？当然不小，创业本就是九死一生的技术活，还跟运气有关，谁能说自己轻松创业？不存在的。而他可以一年又一年坚持下来，做得还不错，这就不是简单的运气所能解释的，跟经验有关，跟执行力有关，跟专业和能力有关，跟时机和风口有关，综合下来他创业的成功率显然高于外贸新手。

那普通外贸人的创业呢？我们说来说去，不能总是谈别人的成功经历，这些离外贸新人太遥远了。做得厉害的外贸人，动不动有数百万美元乃至数千万美元的订单，一年收入过亿的SOHO人员都有，这没有可比性，对大多数的初创企业也毫无意义。

针对外贸人的SOHO创业，我将其分为六个流派，可以理解为六大门派。

——技术流；

——销售流；

——客户流；

——产品流；

——市场流；

——资金流。

对于这六个不同的流派，我个人认为，创业的难度系数是完全不一样的。我们先看图1-3，然后再对应着一条一条探讨优缺点会更加直观。

01
Hardest Mode
极难模式
★★★★★
市场流
资金流

02
Hard Mode
困难模式
★★★★
技术流

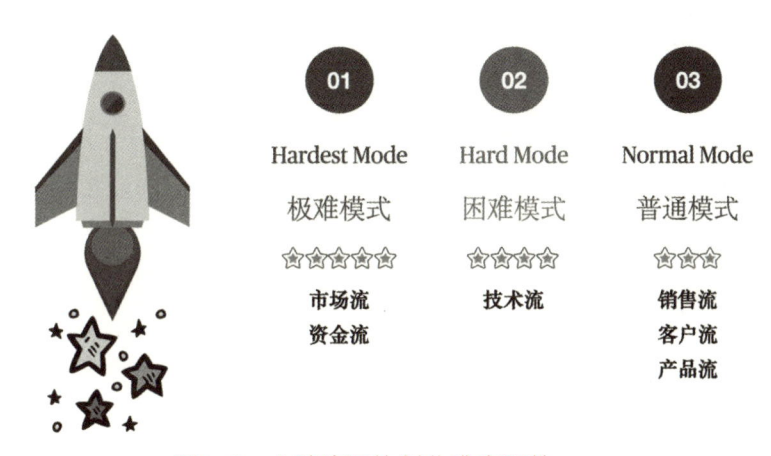

03
Normal Mode
普通模式
★★★
销售流
客户流
产品流

图1-3 六种流派的创业难度系数

01. Hardest Mode（极难模式），难度系数五颗星

市场流

市场流属于跟着市场走的人，什么东西好卖，就卖什么。这种方式看起来不动脑筋，好像很简单，但是大多数人都做不好，都很难赚到钱。

因为每一行的水都很深，都有各种困难和棘手的问题，都有一定的门槛。你觉得好像看到了风口，但是外行如何跟深耕行业多年的内行竞争呢？所以创业一定要有自己的定位和方向，如果看到什么好卖，看到市场的变化就立刻杀进去，我敢保证，大多数人会输得一塌糊涂。

尽管有少数人，擅长捕捉一闪而逝的商机，擅长以快打快，迅速进入，迅速出货，迅速撤退，但这非常考验人的执行力和供应链，这并不是那么简单的。大多数人只有眼馋的份，自己是做不到的。

譬如新型冠状病毒肺炎疫情期间，很多人做口罩生意、防护服生意，做其他防疫用品生意，真正赚大钱的有多少？其实还是那些原本就在这个行业里的，有足够的专业知识，有相当完善的供应链，有长期积累的客户资源的企业，才能获取相应的利润。

许多外行看到了商机开始进入这个行业，但只有极少数人，可以短、平、快地迅速接单和出货，赚到钱后迅速撤离。而大多数人是后知后觉的，机会转瞬即逝，除了浪费时间和资金，做的都是无用功。

如果你想用市场流的思维去做自己的外贸生意，我觉得难度系数是五颗星。

资金流

资金流属于资金充裕，不缺钱或者短时间内不缺钱，但是对于其他东西都没有充分准备，完全一头雾水的创业者。

在相当一部分人的理解里，有充分的资金是好事情，做生意最害怕的就是缺钱，但这纯属于想当然。马云曾经说过，"许多人做生意失败，不是因为钱太少，而是因为钱太多"。

当你资金充裕的时候，往往在预算上没有明确的概念。缺乏预算控制的结果就是开支大得难以想象，最终自己都搞不清楚营利模式，也不知道公司的钱都花到了哪里。

我有好几个朋友，都是家境优越，不缺钱的。可她们开外贸公司也好，开咖啡厅也好，开服装店也好，无一例外，都倒闭了。这里的原因就在于，太相信自己手中的资金，在没有考虑清楚商业模式的情况下就贸然创业，结果发现，钱多也无法让自己创业成功。

钱一多，花钱就容易没有节制，预算会扩大再扩大，甚至没有预算，没有计划，各种开支都收不住，账目一团混乱。把创业的生意属性变成了娱乐属性，创业成功的难度系数相当高。

02. Hard Mode（困难模式），难度系数四颗星

技术流

技术流一般是指创业者本人或者合伙人原先就是技术出身，拥有某一项特定的技术，特别相信且坚定认为，自己的这项技术十分领先，领先于同行，领先于市场，甚至可能引领行业的未来。

技术本身是创业的一项很重要的优势，只是很多技术出身的创业者，过于相信技术的优势，从而忽略了市场，忽略了用户，忽略了产品定位，忽略了供应商和配套的上游供应链。结果产品迟迟无法问世，又或者根本不接地气，这都会直接让初创企业陷入销售和资金困境。

有独特的技术，能做出一款好产品，本身是一件特别好的事情。可是你如何打开市场？如何找到对应的客户？如何对接优质的供应商？如何把你的理念和优势传达给消费者，并且让他们对此产生信心和兴趣？

这一系列的问题，以及随之而来的各种困难，才是真正的难题所在。所以技术流的创业，并没有想象中那么容易，我把其难度系数定位为四颗星。

03. Normal Mode（普通模式），难度系数三颗星

销售流

据我所知，大部分SOHO创业者都是做销售出身。换言之，过去有一定的销售经验，各方面的技能纯熟，有自己的优势，知道如何做市场分析，如何做调研，如何跟客户打交道，如何谈判和开发。

这一类的创业者会从销售端入手，把有限的资源投入客户开发和运营上，更多地承担起贸易公司的服务角色，从"专业+效率+服务"的角度入手，在竞争中占据一席之地。相对而言，销售出身的外贸创业者，有一定的

经验积累，也熟悉行业，难度系数略低，我的评价是三颗星。

客户流

对多数人而言，相对理想的状态是在创业之初就有客户的支持，业务开发就有了起点和跳板，这就是我所说的客户流。

譬如，我曾经所在外贸公司的一位老同事，在他工作的第十三年，也就是2019年，他辞职创业，注册了公司，开始独立的SOHO生涯。这位同事在我的印象里可是出了名的保守和稳重。他从来不跳槽，一直在公司兢兢业业工作，哪怕受到一些不公正待遇也都是忍着的。

别说创业了，就连同行出高薪和高提成挖他，他也不曾动心过。他总是在嘴边念叨："做生不如做熟，换家公司，一切都要从头熟悉起来，难道在这里，老板是大灰狼，换家公司，老板就是小白兔？说不定是大老虎，把我吃得连骨头都不剩，那时候再后悔就晚了。"

听说他辞职创业，我一时间觉得难以置信，打电话找他求证后才知道，原来一个荷兰老客户，无论如何都要他出来，单独给他供货，难以忍受公司的拖沓和低效率，坚持要求跟他单独合作，还承诺每年的保底订单。

他有了底气，又加上十几年的工作都没有大起色，看着人到中年也没什么成绩，自然开始心动，想着有老客户的支持，完全可以去搏一搏，然后再慢慢谋划和开发其他客户。

所以客户流，我个人认为，是难度比较低的一类创业模式。为什么不归类成简单模式，而是普通模式呢？因为它也没有那么简单。虽然手里有客户，的确压力比较小，但是供应端同样是问题啊，要找到好的供应商，要找到客户满意的价格，要管理品质，要维持利润，要控制交货期，同样是一系列的技术活。这其中出一点问题和状况，都可能让客户不满，甚至失去客户。

产品流

产品流是什么意思？简而言之，就是创业者对某一类产品特别熟悉，有充分的供应商资源，对产品、行业非常了解的人。

比如在家具行业混迹十多年的老业务员，出来创业一般也会选择家具行业；比如在礼品行业摸爬滚打好多年的采购员，出来创业往往也会选择礼品行业，这就是产品流。

利用过去积累的资源、对于某一个行业某一类产品的认知、丰富的专业知识和技能，以及对于目标市场和潜在客户的了解，产品流是完全可以有针对性地开发客户的。

一款产品，只要你一看就知道是哪个区域的产品，可能是哪几家供应商的模具，大致的价格是多少，有哪些竞争对手，需要的测试和相关技术门槛是什么，自然就有了创业的底气。

对产品专业，对行业了解，在任何时候，都是一项很重要的优势。所以产品流，我认为难度系数是三颗星，属于普通难度。

当然，以上的内容，整体还是针对"普通外贸人"这个群体。如何算普通？工作一年、三年，还是五年，并没有特定的标准。

我只能说，每个人的情况不同。有些人做了一年半载，或许抵得上许多十年八年的老业务员；有些人工作十年多，各方面能力还不如工作两三年的业务员。这没有绝对的衡量准绳。

所以，我对于"普通外贸人"的定义是"略窥门径，有一定技能和优势"的混迹于外贸职场的专业人士，并不包含精英和顶尖高手。

如果你本身资源丰富，经验老到，你会有很多选择：可以从SOHO起步，慢慢试水，也可以一步到位，直接组建小团队甚至中型团队，或者通过特定的商业模式，结合自身的优势，直接选择Trading（贸易公司）甚至Trading Plus（贸易公司+）[1]的模式。

---

[1] Trading Plus：这是毅冰独创的一个名词，可以翻译成"贸易公司+"。它有别于传统贸易公司买货、卖货的中间人模式，往往深度参与客户的订单与合作。比如共同开发、共享品牌、共享测试报告、独家授权或特许授权等，从"倒爷"的角色往"专业贸易服务商"进化。

1.4 "轻资产"到底有多轻

在上一节内容里，我们简单分析了外贸SOHO创业的六大流派和各自的优缺点。下面，我们还需要深入探讨一个无法回避且十分现实的问题，就是"创业究竟需要准备多少钱"。

又或者说，在尽量控制成本之下的"轻资产创业"，到底可以做到多轻？如果我只有五万块钱，有没有可能去SOHO创业？

如果在网上搜索相关内容，也许有些人会告诉你，SOHO创业，准备三五万块钱就行了，你听了很开心；有些人会告诉你，起码要二十万元，你听了心灰意冷；有些人会告诉你，其实不多，两万块差不多就可以了，你又萌生信心；有些人告诉你，二十万元根本不够，起码五十万元起步，你又觉得好绝望……

网上信息又乱又复杂，人云亦云，不知道该相信谁。如今的关键是，有没有一个可靠的答案，外贸SOHO创业起步究竟需要多少钱？

在这一节里，我们就要好好探讨一下，创业过程中的核心问题之一，也就是"钱"的问题。

01. SOHO创业的三种途径

SOHO创业是有很多种途径的。传统外贸和跨境电商是截然不同的两套体系，涉及的内容和成本都不同。我们这里撇开跨境电商创业，仅仅讨论传统外贸模式的创业究竟有哪些途径。

Option 1（途径一）：Affiliating（挂靠）

自己不注册公司，通过挂靠在朋友公司，或者挂靠在工厂，或者挂靠在出口代理公司，以对方的名义去开发客户、操作订单、安排一切出口事宜。

在这种方式下，你相当于某家公司的销售主管或者高管，跟客户开展合作。但事实上，这家公司就是一个"壳"，等于借了别人的壳，来做自己的生意。

这样做的好处是前期成本大幅度下降，可以省去公司注册和开户的相关费用，也不需要会计做账，因为一切资金往来都在朋友公司、工厂或者代理公司的账上。

Option 2（途径二）：Self-running（自营）

自己注册公司，开通企业账户，有具体的办公场所。这个场所可以是自己租的，或者跟朋友合租的写字楼，又或者是自己的家。然后，以贸易公司的名义，一方面开发供应商，另一方面开发客户，以中间商的角色，在订单中赚取差价。严格意义上来说，你的公司就是一个迷你的贸易公司，麻雀虽小，五脏俱全。

这样一来，缺点是增加了一定的成本，让本来就紧张的资金变得更紧张，可优点也是无可替代的，就是有了自己的门面。公司是自己的名字，开发客户是以自家公司的名义，不需要担心被供应商或者朋友从中截胡，或者他们在背后搞小动作。

Option 3（途径三）：Servicing（服务）

从服务端入手，没有自己的公司，也不做任何形式的企业挂靠，但是帮助客户寻找供应商、管理订单、安排验货，帮客户把控品质和出货进程，在客户来访的时候安排行程和走访工厂，并承担一部分的谈判或翻译工作。

在这种情况下，客户的订单都是直接下给供应商，SOHO一方是从服务中获取佣金，并不直接参与利润的分配。这一种SOHO创业途径，就是通过服务来实现营利，相当于采购代理或者贸易代理的角色。

在浙江的义乌、广东的东莞，就有不少SOHO创业的外贸人承担了这种服务性的工作，给客户提供相关的配套服务，对接供应商和货代，陪同客户走访工厂、确认样品、谈判价格、完善订单、安排出货、处理单据等。

02. BLOR[①]成本分析大揭秘

因为不同的外贸SOHO所担任的角色和具体的运营模式不同，所以在创业过程中，所需要和牵扯的成本必不一样。

这点相信大家很容易理解，最轻资产的，一定是"途径三"，也就是纯服务的SOHO，不注册公司，不开立企业账户，无须承担订单过程中的利润风险，仅仅从客户这边获取服务佣金。

这种模式下的外贸SOHO真正的成本只有一块，就是一定的生活成本。因为客户未必在你创业第一天就给你安排工作，让你满负荷运转。而服务型的外贸SOHO，并不需要过多的创业成本，也没有很大的风险成本，仅仅是不能每月领薪水罢了。

因此，针对"途径三"，我个人的建议是留足至少一年的生活成本，包括差旅费用和一些可能会有的意外开支。不同的城市，不同的生活方式，不同的消费习惯，让这个数字变得可大可小。

我做了一些调研，问了16个在义乌以这种模式工作的外贸SOHO，得到的结论是，需要两万到八万元不等的储备资金。

那如果是"途径一"或"途径二"呢？途径一是挂靠模式；途径二是自营模式，差别就在于公司注册和开户这些费用，可以一并分析，先看图1-4。

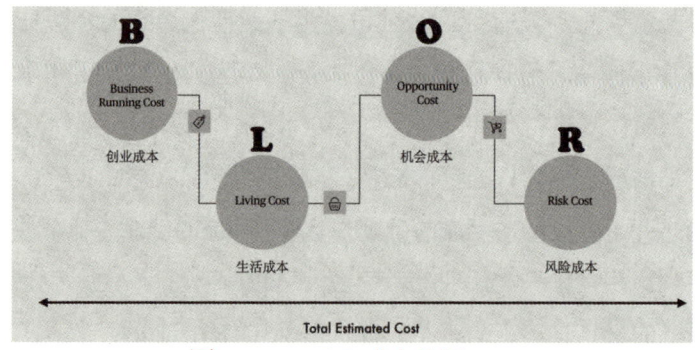

图1-4　BLOR成本分析

---

① BLOR：是Business Running Cost（创业成本），Living Cost（生活成本），Opportunity Cost（机会成本）以及Risk Cost（风险成本）的首字母组合。

我们可以简单地把涉及的成本分为四大块，就是创业成本、生活成本、机会成本和风险成本。不同的产品和行业，涉及的成本有一定的差异，但是整体的思维方式和计算方式还是可以套用的。

创业成本：你在公司运营过程中，大致需要准备多少钱？比如办公室租金、公司注册和相关费用、前期的打样成本、官网制作和展会成本等。

生活成本：如果公司两年不盈利，你没有领到一分钱薪水，你需要准备多少钱以供自己生活？

机会成本：既然自己创业，就意味着无法在公司打工和领取薪水，这里的机会成本是多少？假设你在公司上班，年收入五十万元，或许随着时间会继续上升，这就意味着你自己创业，每年的机会成本就是五十万元起步。

风险成本：做生意肯定有得有失，有赚有赔。哪怕你再仔细、再认真、再专业，也无法把风险降到零。如果供应商出问题呢？如果客户不可靠呢？如果发生各种意外呢？如果你需要赔偿或者承担相关的费用，你有心理准备吗？是否有这一部分的预算？

03. 轻资产背后的预算分析

至于具体的预算，SOHO创业究竟需要多少资金，轻资产究竟有多轻，或许下面这个案例，这位学员的实际开支，可以在你制定预算和准备之初为你带来一些启发和参考。

案例 1-4

某上海外贸人第一年的 SOHO 成本

阿里巴巴国际站：29 800元人民币

香港贸易发展局展会：30 000元

官网制作：55 000元

> 做网站定金：2 000元
>
> 公司注册和开户：15 000元
>
> 代理做账：7 200元
>
> 差旅费用：17 500元
>
> 样品费、快递费和杂费：6 300元
>
> 两个小订单客户索赔：6 000元
>
> 总计是人民币168 800元。而这其中，官网制作、做网站定金、公司注册和开户都属于一次性费用，在第二年里就不需要了。而客户的索赔，也是偶然事件，问题并不算严重。

所以严格意义上来讲，这位学员第一年的SOHO成本，是在17万元人民币左右。这里还没有把机会成本计算进去，我们假设她过去的月薪是1万元人民币，也就是说，开始准备SOHO需要的总预算，也许是30万元人民币。

这是一个相对比较可靠的数字。她在投入上，展会、官网、B2B平台三管齐下，所以比较贵一些。而官网的55 000元人民币的投入，肯定要求比较高，有专业的第三方公司为其量身定制，有些朋友擅长社交软件营销，或者有老客户的积累，前期不准备投入大量资金做精致的官网，也暂时不参加展会，那么这部分的预算，则可以节约下来。

另一个义乌的朋友SOHO创业成本就低得多，仅仅在当地的地方政策扶持下开了个体户的美元账户，然后在家办公。一年下来，总的开支不到八万元人民币，但是第一年的毛利接近四十万元人民币，也算是达到了预期。

所以每个人的情况不同，预算和开支肯定不一样，对于风险的抵抗能力自然也不相同。我这里给予的仅仅是一个大致的测算。在基本条件具备，甚至有一定高要求的情况下，三十万元到五十万元人民币的预算，我觉得是一个非常可靠的区间，能够让你在公司没有盈利的情况下，撑一年到两年时间。在此期间，你不用过度担心每个月的生活费和各种费用，可以全身心投入自己的工作。

04. 毅冰的九条肺腑之言

*SOHO不是外贸人的唯一出路，创业在任何时候都是九死一生。

*能合作千万不要合伙，太多案例表明，合伙的结果往往是散伙。

*不要追求完美，完成比完美更重要，执行力才是关键，否则想再多都无用。

*最好不要夫妻一起创业。一个人收入稳定，一个人SOHO创业比较安全。

*创业过程中，钱很重要，但是钱无法解决所有问题。

*预算是主旋律，要时刻控制预算和编制预算，这一点绝对不容忽视。

*创业初期，良好的心态十分关键，要能沉住气，耐得住寂寞。

*SOHO不是让你逃避职场，而是做你真正想做的事。

*没有人一开始就万事俱备，现实中不是缺这个就是缺那个，逐渐完善就好。

1.5 创业的终极问题

我们为什么要选择SOHO？是内心真的充满渴望？还是看着身边有些人这样做，于是心痒痒？

任何事情想要做好都是艰难的，过程都是曲折的，不存在轻而易举就把生意越做越好的可能性。若仅仅因为一时冲动，或者被别人一怂恿就莫名其妙一头扎进去，结果往往不尽如人意。一旦碰到困难，就很难克服和解决，也很难说服自己咬紧牙关拼下去。

创业这件事情，放到任何人身上都是一样的，不是看你有多少兴趣，而是在兴趣之外，你手中有多少牌可以打。

我无意去评论创业的好坏，做SOHO是前途光明还是黯淡，毕竟每个人的情况不同、想法不同，个人能力和工作方法也各有区别，并没有放之四海皆准的衡量标准去判断你是否适合走这条路。

这里，我想谈一谈我的看法和这么多年工作的感悟、总结。

我的建议是，在你考虑SOHO创业之前，先考虑这个终极问题："我为什么要走这条路？"

*自己无比热爱外贸行业，觉得能力和经验足够，想给自己一个机会。
*对现有的工作缺乏兴趣，觉得收入远低于付出，想自己干。
*对老板或同事不满意，觉得难以合作且共事，不如早做安排。
*认为如今的发展有限，碰到"天花板"难以突破，于是下决心闯一闯。
*不想上班受各种束缚，强烈渴望时间上的自由，于是做出创业的决定。
*看到身边亲戚和朋友一个个在SOHO圈如鱼得水，受刺激也想拼一下。

若是进一步总结这个终极问题的答案，找出推动自己迈出这一步的真实原因，或许就是图1-5的几种情况。

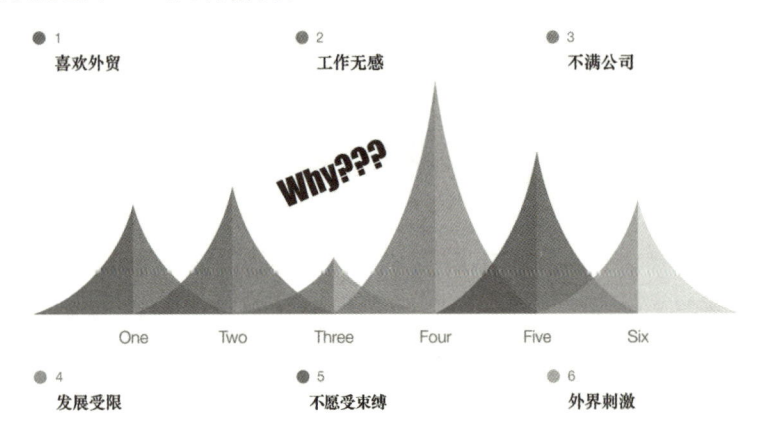

图1-5 SOHO终极问题的答案

也许还有第七种、第八种乃至第N种理由。但是每个人都无法逃避的问题是，我们为什么要这样做？有没有别的选项？这是不是最好的选择？

所以真正的终极问题在于，你是否真的想明白，以及自己SOHO创业的目的是什么？只有想通了这一点，遵循自己的内心才可能成功，而不是看着别人做得不错，自己就随波逐流。

初心多澄澈，决定了你未来可以走多远。在这个过程中哪怕失败了，只要你坚守初心，找到原因，能知耻而后勇，就可以重新开始。

如果看到这里，你明确了自己的初心只是投机，或者投注，只想着赌一把、搏一下，但没有任何充分的理由，也无任何优势可言，我建议你合上这本书，暂时到此为止。等某一天自己完全想明白的时候，再重新看下去。

如果你完全明白自己的优缺点，衡量过利弊，坚定认为创业才是自己的初心，想用SOHO迈出第一步的话，那么恭喜你，后面将会有无数的困难等着你去闯，去克服。

万丈高楼平地起。哪怕你最终做出了这个选择，带着极大的勇气迈出了这一步，也不代表问题结束，前路一马平川，这仅仅代表你愿意去面对和解决将来可能发生的一切问题。

想明白了吗？若是清楚眼前的各种困难，依然有"千磨万击还坚劲，任尔东西南北风"的信念，那么不妨给自己一个机会，放手去做吧。

为君一击，鹏抟九天。

第二章
想明白了就动手

宪先灵而齐轨，必三思以顾愆。

——张衡《东京赋》

2.1 选品不是"拍脑门"的事情

既然决定了走SOHO创业这条路，那要先恭喜你，起码你想明白了，自己究竟要什么，自己的兴趣和方向在哪里。

日本财经作家Norihiko Sakamoto（坂本宪彦）就提出过一个观点："创业就是做好且聚焦一件你真正想做的事！你需要的不是SOP[①]，而是你真的渴望去做，然后在实践中形成商业模式。"

别小看这个决定，其实对于大多数人来说，创业是非常艰难的一个选择。哪怕自己设想过无数次，研究过无数次，可到了真要执行的那一刻，90%以上的人会打退堂鼓，会选择安于现状，会畏惧面对不可知的未来。

01. 别人赚大钱的项目，不代表你也可以

有很多生意，看上去很简单，可实际上是有难度的。

我有个山东朋友老段，做矿山设备出口生意。他们公司动不动就有数千万美元甚至上亿美元的订单，一个项目的利润，抵得上别人公司好几年的产值。也就是说，他一年的利润，比别人多年的销售额还要多。

---

① SOP：Standard Operating Procedure 的首字母缩写，表示"标准作业流程"。

这么好的生意，是不是很多人动心呢？这是自然的。别人一看，这个项目这么挣钱，老段的公司只有三四个人，生意居然那么好，这说明这个行业是蓝海，完全值得做。然后，头脑一热，就选了这个产品，结果发现，供应商难找，客户难找，大项目根本不是自己拿得下的，客户开发举步维艰，这种项目的矿主和专业中间人都不理会自己，大半年下来颗粒无收，也看不到任何希望，只有匆匆结业。

我跟老段有一次聊起这个话题，他大倒苦水，说这个生意太难做了，别人只看到光鲜亮丽的一面，没看到后面的辛酸。

这种订单周期很长，有的时候，要用两三年时间去开发和维系或许才能拿下一个订单。而前期开发、报价核算、工程预算、设备参数、付款方式、交货细节、验货标准等，能把人折腾掉半条命。大部分的潜在客户是注定拿不下来的，成功率能有5%就不错了。

外人一看，他一个订单的利润百万美元，可背后，平均开发二十个客户才能拿下一个，这二十个客户的开发成本要多少？一趟趟飞南美谈判，各种成本和差旅费用要多少？一个项目从一开始接洽到报价，两年内可能要见面好几十次，还有正常的交际和业务费用，这都是钱啊。

更何况，做生意就一定有风险，碰到客户资金困难、倒闭或者跑路，很多时候只能自认倒霉，不是所有客户都有中国出口信用保险公司承保的。他曾经的一个巴西客户因为经济原因倒闭了，整整四百多万美元的货款都没了，他也只能自己承受，慢慢偿还工厂和银行的债务。

单纯从表面上看，他的订单利润不错，可背后真实的成本不是一般人能承受的。高利润的背后必然有高风险。更何况，他在这个领域摸爬滚打整整三十年，又岂是许多外行的外贸人匆匆换产品就能和他竞争的？

别人能赚钱，就一定有自己的能耐，有台下十年功的积累，有独特的资源和优势。我们眼睛看到的或许仅仅是自己想象中的，跟实际情况有很大的偏差。

产品的选择，一定要谨慎再谨慎，不能看着别人做得不错，自己就觉得很容易，随便就"杀"进去，没有做好充分的准备工作，往往会折戟沉沙。

02. 起步阶段，要把目标缩小

许多人在创业之初总是有豪情壮志，"我要在某某领域成为领头羊！我要将某某品牌在全世界打响！我要取代某某公司成为业内标杆"。

有远景目标，充满希望和斗志，这当然是好事情。可我想说的是，起步阶段，最紧急和最重要的事情是先把公司运转起来，把项目做起来。

而很多人却好高骛远。譬如Power bank（充电宝）行业，产品泛滥，缺乏领导性的产品和品牌，你就头脑一热，想要做成充电宝领域的全球第一！你还是先想想，如何让自己成为深圳市第一。你能做到这一步，或许才有资格去想如何成为广东省第一。然后，才有能力和资格去计划成为中国第一。

不要一开始就对比行业领袖，双方差距太大，反而会影响你脚踏实地去做事情。不想做贴牌，想做自有品牌；不想做代工，想做原创设计；不想做公模[①]，想专门做私模[②]；不想接小单，想直接找代理……这些行为，在创业之初，会迅速消耗掉你有限的资金，而未必能得到相应的收获。

我一直认为，目标不是越大越好，而是越小越好，先生存再考虑发展和扩张，然后再研究品牌化路线，这是一环扣一环的，每个阶段应该做这个阶段该做的事。

当订单多了，客户也逐渐积累起来了，你赚了不少钱，自然有充分的资金可以去搞研发，可以去扩张团队，可以去打磨品牌，可以做很多下一个阶段该做的事情。但是顺序不能乱，哪怕是很多知名的大企业，也是从小做起的。

[①] 公模：英文是 Open mold，字面含义是"公共的模具"，也就意味着这类款式的模具非常普通，很多供应商都有，都可以生产类似的产品。

[②] 私模：英文是 Private mold，字面含义是"私有的模具"，有些供应商为了产品的排他性，往往会自己研发和设计款式，或者跟客户一起开发，然后单独开模具。私模的产品有独特性，同质化竞争比较少，从而可以获得相对高的利润。

今天的格力，在空调界威风八面，从品牌到技术，从管理到战略都占据了领先地位，属于空调行业的第一梯队。那过去呢？格力难道第一天就能占领国内市场和海外市场？就能把自有品牌推向全球？当然不是，它也是从代工开始的，也是在给欧美品牌做代工和贴牌的过程中，逐渐了解海外市场的特点和消费者的喜好，然后一步一步走到今天，把中国制造和中国品牌打出去。这背后是漫长的时间，是几代人的努力。

外贸人有追求，有情怀，这些都可以理解，也必须支持。但创业之初，我还是坚定地认为，生存才是第一位的，要控制预算，要做好产品定位，要先把公司运转起来，从小做起，才有资格去谈别的。

选择产品跟行业，还是要从实际出发，不能眼高手低，否则很快就会面临各种麻烦和困扰！

03. 选品的SELL结构

知道了问题所在，那究竟要如何选品？在产品和行业的选择上，如何把关？

有朋友说，他做了七年的手动工具，觉得越做越难，越做越灰心，价格竞争太激烈了，产品比白菜价还白菜价。所以他准备SOHO的同时，想换一换产品，进入相对高附加值的行业。

我问他，准备做什么产品呢？他说，有两个选择。第一，做户外的运动背包，因为他有工厂资源，他叔叔在厦门开的就是背包工厂，可以依托叔叔的工厂来开发业务。第二，做无线耳机，这些电子类产品，在国外一直都是热门产品，而且耳机的需求量不小，询盘和搜索量都十分可观。

我不想泼他冷水，这两条选品的路，都属于想当然，停留在表面的观察和自己的想象，这对于拿着真金白银、带着一腔热血去创业的外贸SOHO人来说无疑是危险的。

选品本身应该是一件很科学的事情，要结合自身的优势特点、兴趣爱好、经验能力、资源特性等做一个科学的衡量。

你可以用SELL结构，如图2-1所示，做一个简单的自我定位，有了明确的认知后，再决定从哪个行业甚至哪一类产品下手。

SELECTION MODEL

选品的SELL结构

- S — Suppliers — 你的供应商是谁？
- E — Experience — 你的经验是什么？
- L — Location — 你的地址是哪里？
- L — Listing — 你准备上哪些款产品？

图2-1　选品的SELL结构

第一个S是Suppliers，你的供应商是谁？在没有明确供应商的情况下，选品就无从谈起。先要决定好品类和方向，然后物色供应商，这是第一步。

第二个E是Experience，你的经验是什么？如果你从来没有做过纺织类产品，如果你从来没跟电子产品打过交道，贸然跨界创业，去接触完全不熟悉的领域，失败率必然陡增。

第三个L是Location，你的地址是哪里？因为你所在的城市，决定了你周边的优势供应链，每个区域都有自身的特点。如果你在河北注册公司，但是用的供应商全是广东的，自然不方便，会影响工作和客户开发。

第四个L是Listing，你准备上哪些款产品？这就是产品系列的问题，究竟是一个系列，还是几个系列？相互之间有什么关联？如果既准备做纺织品，又准备做电子产品，显然会让客户觉得无所适从，认为你不专业。

所以，选品本身是个不小的课题，它决定了你创业过程和发展过程中是否会走很多弯路，有没有可能把这个项目真正做起来。

这需要经过深思熟虑，结合自身的优势和特点，再加上兴趣和情怀，综合衡量。千万不要脑门一拍，没有经过充分调研和论证，仅凭自己的感觉和想象、朋友的建议或者道听途说就做决定，这样容易碰钉子、走弯路，甚至一败涂地。

每一行的水都很深，不熟不做，这句老话是值得我们琢磨的。

2.2 打造低成本 MVP 模型

01. 什么是MVP模型

很多年前，我在香港读MBA课程时，学到一个非常适合创业者的商业模型，就是Minimum Viable Product[①]。商科的MVP，它跟我们熟知的NBA篮球赛的"最有价值球员"[②]并没有任何关系，仅仅是缩写一样而已。

这个模型最早来源于美国硅谷著名的创业者Eric Ries（埃里克·莱斯），很多中国读者对他的了解是他创作了那本经典作品"The Lean Startup"，中文翻译成《精益创业》。MVP的模型和理论，其实就来源于这本书。

埃里克发现，大多数的创业者都有一腔热情，都对自己的产品和技术有迷之自信，这很正常。可市场的反应、消费者的喜好、最终的结果未必能跟创业者的预期保持一致。也许创业者认为这个项目很好，这个产品很了不起，但是推出后市场反应平平，没有激起一点浪花。

初创企业，本身就十分脆弱，如果你投入了大量的时间、精力、金钱，用尽了一切的人脉和资源，可结果非常糟糕，这将是致命的打击。很有可能企业就会迅速进入破产阶段。

所以，有没有可能，像专门做样品确认品质一样，在运营项目的时候，先去测试市场的反应，尽可能地控制风险。如果得出的结论远不如预期，那就放弃，随时止损，然后修改策略和方案。

埃里克想了很久，决定设计一套"最小可行性产品"的方案，用"半成品"来替代"完美的成品"。如果不行，那就直接放弃，损失在可控范围。

---

① Minimum Viable Product：简称 MVP，表示"最小可行性产品"。

② 在美国NBA球赛中，MVP表示 Most Valuable Player，表示"最优秀选手"或"最有价值球员"。

如果可以，那就继续打磨产品，一直到非常精致的成品出现。

02. 从具象到抽象

在我的理解里，这个半成品不一定是具象的product（产品），也可以是抽象的method（方法），或者business model（商业模型）。

案例 2-1

采购代理的可行性思考

也许你想给客户做采购代理。虽然你是SOHO创业，注册了小贸易公司，但是你的主要工作职责是给老客户提供采购服务，包括跟单、验货、询价和样品安排，以及一系列的文书工作。老客户愿意支付具体订单金额的5%作为佣金，不包含差旅费用和相关报销。这个模式能否成功呢？

很显然，成功的概率有，但取决于客户的信誉，也取决于订单的大小。

如果客户一年的订单高达1 000万美元，5%的佣金就是50万美元，这个服务费，已经可以让你过得很舒适，收入还不错。

一年下来，若是客户的订单零零碎碎只有10万美元，佣金只有5 000美元，从年收入角度来说，那就太少了。

所以我们需要设计一个MVP模型，在最小的范围内做一个尝试，来研究项目的可行性，从而决定是否可以进展下去。

那如何架构这个MVP模型呢？你可以尝试着分三步走。

第一步：先跟客户约定一个预期的订单金额（这样就可以大致估算你具体要投入多少时间、精力，可以获得什么样的收获）。

第二步：在一个特定的区间内做尝试（比如把时间先设定为三个月，根据这三个月的工作情况，再来判断是否继续）。

第三步：预支一部分佣金降低风险（也许客户预期一年300万美元业绩，佣金比例是5%，就是15万美元，你要求预支其中的10%，比如1.5万美元作为前期开展工作之用，这同样可以谈判和商量）。

这三个步骤执行完，就可以把前期工作开展起来。一旦在工作中发现付出的太多，但是收获太少，譬如订单都是几百美元的小订单，跟单非常琐碎。小订单若是没有保底佣金，都按照5%来计算的话，每张订单付出大量时间，但只有几十美元的收入，不够吃几顿饭的，显然就不合适了。

这些问题，事先都是很难想到的，因为工作中随时有新的问题产生。若是尝试过程中发现这个模式不合适那就随时止损，中止这个模式的合作，可以想想其他的模式和方案，时间和经济的损失就可控了。

03. MVP的具体操作方式

写到这里，我突然想到史玉柱曾经在中央电视台《赢在中国》节目中讲的一句话："试销市场快不得，全国市场慢不得。"

他说的"试销市场"，其实就相当于一个MVP模型，在一个可控的小范围内，不断尝试，反复试错，在过程中找问题，反复论证，反复优化。这个过程，是不能盲目求快的，太快了容易忽略很多问题，甚至得出的结论不严谨。

只有在MVP模型之下，积累了丰富的经验和数据，把各种缺陷和问题都找到，才可以在后续的工作中弥补和改进。先要知其然，才能找到破局的思路，然后知其所以然。

若MVP模型没有什么大问题，在经过小范围的尝试后，你有足够的信心去解决扩张中可能碰到的各种问题，那就可以把这个产品或生意模式迅速复制和推广。这就是史玉柱的后半句，"全国市场慢不得"。

为什么不能慢？因为在MVP模型的小范围内已经证明了可行。这时候就要迅速铺开，迅速扩张，否则很快就会有竞争对手冒出来，抢占先机。

我们做外贸也是这样，在SOHO创业之初预算有限，风险抵御能力差的时候，就要设法通过低成本的MVP来试错，为接下来的全面出击做好准备。

具体的操作方式如图2-2所示。

图2-2　MVP的具体操作方式

一环扣一环，用最低成本来验证思路的可行性。

2.3　技术流的极大风险

好产品并不意味着好卖。这个世界上有太多的产品能赢得掌声，但叫好不叫座。

好技术不代表能进入市场。大多数新技术并没有商用，因为旧的还能用，且价格更便宜。

> **案例 2-2**
>
> ## 设计师品牌的滑铁卢
>
> 在美国，有两位非常有名的服装设计师，一位是A，一位是P，都是极有天分的华人设计师，也都创立了自己的服装品牌，转型为时装公司老板。
>
> 这两位设计师是国际上各大顶级时装周的常客，从美国到欧洲，拿奖无数，让他们声名鹊起。他们的设计不拘一格，用平凡的面料造就了不少细节上的亮点，化腐朽为神奇，屡屡让评委和观众尖叫。许多好莱坞明星、国际名流都喜欢穿这两个品牌的衣服，品牌曝光率很高。
>
> 但可惜的是，这两家公司的经营状况不是特别好，多次碰到重组和融资的难题，设计的产品大多都叫好不叫座，销售成绩一般。

所以，产品很好跟市场是否认可是两回事。消费者喜欢一件商品，或许因为外观，或许因为气质，或许因为品质，或许因为其他种种原因，但这并不代表消费者一定会为此买单。

西湖边的顶级豪宅我很喜欢，但是价格偏高；最新款的篮球鞋我很心动，但是没什么场合可以穿；某个品牌的家具价廉物美，但是跟我家装修风格不搭；这款黑咖啡真的特别香，但是我一直喝拿铁；这款移动硬盘真的很酷，但是我平时从不用这个；这套玩具女儿肯定喜欢，但是品质看起来不怎么好……

因此，消费者购买产品需要综合考虑自身的情况，再结合需求和喜好做出一个最终的选择。

设计师品牌在市场上遭遇滑铁卢，意味着其产品的定位不够明确，没有找到十分对口的细分市场。

案例 2-3

科技公司的产品升级

很多科技公司在产品升级的时候不会把最新的技术拿出来一步到位把产品完善到最高水准，这是为什么？

这样做其实是经过深思熟虑的，一般有两个原因。

第一，很多新技术虽然研发成功但是成本非常高，离到大众使用的阶段还有很长的路要走。需要更多时间去研究，去压缩和控制成本，才有可能投入市场。

比如U盘，在二十年前，128M容量的，都要几百元人民币，可如今随便一款64G容量的，只需要50多元人民币。难道那时的技术不能做出大容量U盘吗？当然可以，就是价格会非常贵，所以企业并没有直接进入批量生产环节。

第二，最新、最好的技术如果迅速投入使用，那接下来万一碰到创新枯竭，怎么办？这会让企业非常被动，手中没有存货，就无牌可打。

这里的标杆，就是美国苹果公司。苹果公司的iPhone手机研发一直走在行业前列，但是推出的产品往往落后于中国的同行。比如中国同行已经解决了屏幕下的指纹问题、刘海摄像头问题，已经可以使用5G，但苹果公司依然不为所动，坚持一代一代更新产品，并不出现大幅度的跨越式更新。

所以不管是好的产品还是好的服务，并不一定能直接进入商业环节，立刻转化为生产力。这期间会有很多考量，会经过很长的过程。

我用很大篇幅来写这两个案例，其实想要表明一个观点：不要过于迷信技术的力量，不要过于迷信产品的优势，只有被消费者和市场认可的，才有实实在在的价值。结果决定一切。

很多技术流的外贸创业人士总是特别沉迷于产品中出不来，反复强调自己的产品很好，自己的行业是蓝海，自己的技术有独特之处……不好意思，你在外贸领域里创业，需要的是开发客户、拿到订单、按时交货、获得利润，这些才是重中之重。

一个很好的产品，一个很好的想法，再激动人心，再让人为之沉醉，若是市场不认可，你卖不掉，这就等于零。

创业时有情怀和想法是好的，很重要，可更重要的是脚踏实地，项目要"接地气"，能找到细分市场，能明确自身的定位。

技术不能决定一切，市场才能决定一切。

这是技术流的外贸创业者们需要特别警惕和自我反省的。

2.4 研究你的专属生意模式

相信很多打算SOHO创业的外贸朋友心里多多少少都有一些规划，知道自己想要如何启动。但大多数人我相信都是一团迷雾，不知道每一步如何执行，甚至有一点无从下手的感觉。注册公司、找供应商、定位产品、开发客户，这些都知道，但关键的一点是，有没有专业的方式能够手把手教SOHO把工作系统地推动下去。

我认为，可以从图2-3所示四个模块来做好前期的分析工作。

图2-3 研究专属生意模式的四个模块

01. 行业分析

我们有多少竞争对手？

这个市场容量有多大？

未来的成长性怎么样？

02. 目标客户

我们的客户群体是哪些？

可以预见的利润有多少？

有哪些切入方法和思路？

03. 初始启动

这门生意的门槛有多高？

需要的启动资金是多少？

最坏的结果是什么样？

04. 独特卖点

我们的商业模式有没有机会？

被复制和抄袭的概率有多大？

产品或服务能否做出差异化？

当然，在研究生意模型时不能一味地闭门造车，还要多参考别人的经验，看看有没有好的创意或者特殊的偷懒办法。

为什么叫"专属生意模式"？因为每个人都是不一样的，经历、能力、阅历、全方位的资源和优势各有不同，所以在SOHO创业的时候，要清晰认识到自己的优势和短板，设置一整套能发挥自身长处的游戏规则，而不是一味地模仿和抄袭别人，用自己的短板去挑战别人的专业。

2.5 外贸红海时代如何求生

有不少朋友有这样的疑问，如今外贸行业已进入红海时代，做外贸完全就是在存量经济中互相残杀，生意极其难做，客户开发非常困难，利润比纸片还薄，是不是应该放弃外贸行业专攻内贸？

比如电商是热点行业，直播是热点行业，是不是应该趁机转型，在风口中寻找新的机会和增长点？

对于这一系列问题，我的答案或许跟大多数人不同，我还是持保留态度。

01. 红海的定义不明确

我觉得大家对于红海的定义或许有点误会。在很多人的观念和想象中，红海和蓝海应该是图2-4所示的样子。

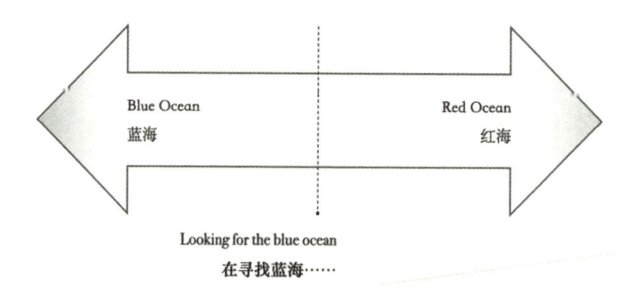

图2-4 想象中的红海与蓝海

很多外贸人都认为红海和蓝海应该是背道而驰的两个概念，一个向左走，一个向右走，怎么可能是一回事呢？它们必然是泾渭分明才对。所以，大家就用了好多时间和心思，一直在找蓝海、追蓝海。

可事实上，真实的蓝海跟你的想象不一样，是图2-5所示的这样，并不是静态的，而是一个趋势变化的图。

图2-5 真实的红海与蓝海

大多数产品和行业刚兴起的时候因为竞争不充分有一定的红利期，所以，的确可以称得上是蓝海。但是这个窗口期一般都很短。

原因很简单，虽然你发现了蓝海，但是这个世界上不止你一个聪明人，也会有无数的竞争对手也发现了它，大家都开始涌入。接下来呢？变成红海了吗？不完全是，因为机会依然存在，蛋糕变大了，这里面好吃的部分其实也变大了。

所以，小的蓝海会变成大一些的蓝海，但是被更大块的红海所包围，这才是真实情况，才是常态。

我认为，所谓的"外贸红海时代"的说法是有问题的，因为任何行业都是红海和蓝海并存。三十年前的政策管制时代外贸是蓝海，但是规模很有限，一般你也进不去，都是大的央企、国企、事业单位在做。后来政府放开对外贸的管制，大家都可以做进出口业务了，这也就注定了外贸行业会从计划经济转变成充分竞争的市场经济。既然是市场经济，那就是优胜劣汰，蓝海跟红海并存。

02. 充分竞争下的应对策略

既然是充分竞争的市场经济，那就跟任何行业一样，并没有什么特殊的，也不存在特别意义上的红利。

那就只能从两个方面考虑：

第一，有什么事情是同行做不到，但是我可以做到的？

第二，有什么细节是同行能做到，但是我能做得更好的？

这就是Michael Dell（迈克尔·戴尔）先生在创立戴尔电脑时，对于如何生存下去，如何跟IBM之类的大公司竞争所思考的两个问题。

最后他发现，大公司的问题是内部的流程十分细致，每个步骤虽然很到位、很专业，但是需要部门与部门之间协调和衔接，一旦流程多了就显得十分拖沓，官僚气息浓重，许多消费者对此不满。

他就想着去改进这些问题，通过小公司的灵活性，接单后快速配送，送货员直接在车上开单等，缩短一切中间流程，给消费者最好的购物体验。

此外，大公司卖的品牌电脑因为有品牌溢价，也因为管理成本和利润预期，所以价格都比较高。而组装电脑虽然便宜，但是各种零部件采购鱼龙混杂，品质和售后问题往往难以保证。

他就在这个方面做优化，一方面压缩配件的采购成本来进行组装，然后由戴尔公司统一负责供应链的管理和品质的控制。严格意义上讲，戴尔是一家介于品牌机和组装机之间的电脑公司，所以它在树立自己消费品牌的同时，把价格进行了大幅度的下调，迅速占领了市场。

所以，竞争充分并不代表没有机会。很多人看到某个领域巨头林立，就觉得它已经是一片红海，自己完全混不出来，这就是陷入了思维误区。

就说如今中国的互联网领域已经形成了BAT[①]的三强格局。那是否代表其他人没有机会了呢？当然不是。京东崛起，美团出现，抖音、快手涌现，拼

---

① BAT：Baidu（百度）、Alibaba（阿里巴巴）和Tencent（腾讯）这三家公司的简称。

多多异军突起，谁知道接下来还会有什么全新的互联网公司出现？这都是不确定的。

机会在任何时候都有，大公司是无法垄断和封锁一切的。就如同图2-5所示，红海之中一定存在着一块蓝海，关键是你怎么做。

如果用八个字来形容，充分竞争环境之下的应对策略，那就是：人无我有，人有我优。

03. SOHO的优势永远在服务端

除了极少数的例外，根据我个人的经验，大部分的SOHO资金预算都十分有限，各方面资源也受到限制。

这也就意味着，SOHO在起步阶段要收缩一切开支，不适合过多投入和增加预算。那我们究竟如何打造自身的优势呢？

我们在第一章探讨过"六种流派的创业难度系数"（详见本书第一章1.3普通外贸人创业的难度系数），其中"市场流"和"资金流"属于极难模式，"技术流"属于困难模式，"销售流""客户流"和"产品流"属于普通模式。

对于极难和困难模式，可以暂时放在一边，剩下的"销售流""客户流"和"产品流"，不管是哪一项，我们都需要通过服务将其打造为自身的优势。

销售流，有一定的销售技能，经验丰富。可采用SOHO模式的小微企业，本来就在资源上处于劣势，我相信大家都知道，在绝对的实力面前，什么样的技巧都只有被碾压的份。

客户流，有老客户的支持，起步相对轻松。可如果你的订单连续出状况，或者在跟进过程中让客户不满，以后的生意也很难说。换言之，客户过去跟你合作四平八稳，对你印象不错，也许是因为你依托了团队的力量，而不是你个人的能力。一旦自己出来做SOHO就不是一回事了。

产品流，对某类产品很熟悉，有老供应商的配合支持。可这并不代表你有能力跟其他的工厂或贸易公司竞争。过去你在企业里工作，背后有公司、有团队、有同事、有资金，可如今只有你自己一个人，在竞争中还能让人信服吗，这是一个疑问。

所以，不管自身的优势在哪里都一定要记住，小型的贸易公司要给客户提供全方位的服务，让客户信任我们、依赖我们，从而在部分项目中给予我们机会。

作为SOHO，我们无法跟专业的贸易公司和工厂去正面竞争，只能通过专业和全方位的服务，做别人不愿意做或者看不上的事情，给客户带来方便。

在一马平川的公路上，两条腿是无法跟汽车竞争的，可如果在地形复杂的山地、丘陵呢？或许情况就变得不同。

我们要做的就是转换赛道来营造不对称竞争。

外贸创业 1.0
——SOHO 轻资产创业

第二篇
实践篇

第三章
低成本"懒人"开发术

> 道虽迩,不行不至;事虽小,不为不成。
> ——《荀子·修身》

3.1 世界因"懒人"而美好

我们从第一天做生意开始就需要认清现实,哪怕你能力再强都不可能单枪匹马一个人完成所有的工作。

你能力再强,拼劲再足都受限于时间成本和机会成本,这是所有人都无法逾越的屏障。

为什么一家中型贸易公司,老板需要招聘业务员、跟单员、单证员、采购员、人事、助理、财务?

或许老板经验丰富,能力强,再加上精力充沛可以超长时间待机工作,做这些日常工作完全不在话下。

如果是这样的话,或许他要完成以下工作,而且现实中,只多不少。

案例 3-1

超级老板的工作内容

自己做市场调研,主动开发客户,回复客户询盘,在具体问题上详细谈判,处理索赔问题,做业务员的工作。

> 处理现有订单，对接工厂，了解生产进度，把关流程和操作细节，完成一切文书工作，做跟单员的工作。
>
> 需要审核单据，完成发票、装箱单、原产地证等一系列外贸单证的缮制，还要独立审核及处理信用证，做单证员的工作。
>
> 直接对话工厂，完成询价、报价、核算成本、安排打样、把关等前期工作，还需要安排采购合同和相关内容，做采购员的工作。
>
> 使用招聘软件和相关网站，发布职位需求，筛选简历，联络和安排面试，负责工资发放和员工社保缴纳，做人事的工作。
>
> 负责一切内勤工作，给公司员工发放文具，购买打印机等耗材，订机票和酒店，安排商务宴请，做助理的工作。
>
> 核对和处理员工的报销，安排薪水的发放，缴纳各种费用，给供应商开票，每个月做账，跑银行和税务部门，做财务的工作。
>
> 试问，谁有三头六臂，能独立完成这么多事情，做一个超级老板呢？

很显然，这是做不到的。所以上面这个案例仅仅是玩笑和调侃。一个人的时间、精力有限，只能集中精力做自己擅长的事情，否则只能带来大量的浪费，效果也不尽如人意。

司马迁在《史记·秦始皇本纪》中记载："天下之事无小大皆决于上，上至以衡石量书，日夜有呈，不中呈不得休息。"

意思是说，秦始皇时期，天下事情不论大小，都必须由始皇帝做主决策。每天批阅的奏折竹简达到惊人的一石。这里的石，是古代度量单位，秦汉时期的一石是当时的一百二十斤，大约相当于如今的29.95千克[①]。

这是非常惊人的阅读量，每天要用大量的时间来处理各种大小事宜，非常复杂且十分繁重。从汉代开始，皇帝就实行分权制度，安排大臣来代为处理各项事宜，皇帝只决策最重要和最紧急的工作，其他事情，都有下属代为

---

① 秦汉时期的一石，相当于如今的29952克。数据来源于《中国古代度量衡图集》，文物出版社1984年版。

处理后汇报即可。

隋唐的三省六部，宋代的中书门下、枢密院，明代的内阁，清代的军机处，都是权力中枢，用来减轻皇帝的工作压力，也是把个人力量汇聚成团队力量。这也是符合现代经济学和管理学原理的，老板仅仅设定好游戏规则，通过管理推动团队来分担工作。

> 我经常强调一个观点：老板不是越勤奋越好，而是越懒越好；不要work hard（努力工作），而要work smart（聪明工作）。整个人类社会的发展、科技的进步，都是因为大家想偷懒，想获得更高的生活品质，所以，世界因为懒人而美好。

要学会偷懒，学会分权，学会让专业的人做专业的事，把工作效率提高，而自己的时间，仅仅用来处理最重要和最有价值的工作。

老板的时间成本比员工贵，所以不应该去做一些低价值、低产出的工作，不划算。比如报销和贴发票的事情交给助理就行，自己的时间可以用来做其他重要的事情。如果自己干，核对数字和贴发票弄一个小时，不是大大的资源浪费吗？

哪怕我们做的是外贸SOHO，是超级迷你的小贸易公司，什么脏活、累活都要自己干，我们也要知道在工作过程中，很多时候还是可以偷懒的。要学会偷懒，优化工作流程，释放出更多生产力，节约时间，投入在更重要的客户开发和维护、产品供应和品质上，这才是聪明人的工作方法。

3.2 SOHO 的预算瓶颈

"偷懒"似乎是一件很简单的事情，可在实际操作中，不让"偷懒"影响工作，不让"偷懒"影响公司的业绩就复杂而又艰难了。

很多人会觉得困惑，这可能吗？能做到吗？

答案是肯定的。

方法就是把非核心的工作交给专业人士处理，通过付费购买别人的时间，让其替你完成自己的工作。

用专业的商业术语来表达这就是"外包"，英文是outsourcing，我国香港地区也会将其表述成"外判"。

从某种意义上讲，把非核心部分的工作剥离，交给专业人士来处理，发挥别人的长处，其实也算是低买高卖的服务。

案例 3-2

名片设计的更优选择

假设我自己设计一张名片，这个过程中可能涉及软件的使用、排版、平面设计、字体选择、内容架构，等等，我反反复复弄了一个下午，或许还不太满意，只是达到及格水平而已。

可若是交给专业的平面设计师来做，也许我只需要简单地提供要求，支付25美元，就有漂亮的方案给我选择，然后在简单修改后，这件事情就可以迅速完成，又快又好，效果远超过我自己动手。

从价值来衡量，我省下了一下午时间，这个时间我可以用来做更有价值的开发工作。设计师拿了25美元，轻而易举地完成了这个很小的设计工作。

这就是双赢的局面。

对于SOHO而言，表面上看起来时间很多，一切都是自己安排，没有老板管着，也没有主管监督，不需要对谁汇报工作。可事实上，做SOHO特别考验人的自律能力，还要有强大的心脏、良好的心态，可以耐得住寂寞，顶得住压力。

所以，科学安排和分配手上的工作，时刻划分优先级，永远只做最重要和最紧急的事情，就成了每天工作中不可或缺的部分。

我相信这部分内容大家都可以理解。可问题是，大部分的外贸SOHO，在起步阶段都很穷，或者说，资金都很紧张，都不具备直接招聘员工的可能性，那要怎么办呢？

我也知道招员工好，有专业的团队来处理工作肯定又快、又准、又有价值，自己可以做甩手掌柜。可现实办不到啊，预算实在有限，就连自己的工资都开不出来，还要等生意慢慢做起来才行，更何况要给别人开工资。

在这种情况下就要采取节约的手法，用好懒人大法，一步步在最少的预算内完成最多的事情。而很多事情本身就有变通的办法，是可以实现低成本甚至零成本的。这在后面的几节内容里会进行分类阐述和案例分析。

3.3　让你的生意24/7在线

SOHO毕竟只是小微企业，大多数情况下只有一个人，创业者对于生意的具体运营总感觉缺乏助力。

我们不可能一直做开发、销售、推广，一直做市场调研，总需要休息，总有其他事情要分心。

那究竟有没有可能，让自己的生意7天、24小时在线，不间断自动运转，增加公司和产品的曝光率，从而获取新的机会呢？

又或者说，在欧美发达国家，也有不少人是做贸易的，是work at home（居家工作），可能是在书房，可能是在车库，扮演的也是SOHO的角色。他们又是如何工作的？欧美的劳动力成本这么高，这些人如何做生意？又如何跟正规的工厂或贸易公司竞争呢？

我跟多个美国和新西兰的朋友聊过这个问题，这些人都属于SOHO。他们基本上有以下三个共同点。

第一，他们都有自己的生意模式。

第二，启动阶段都有朋友或老客户的生意支持。

第三，让生意随时在线。

这里的第一和第二条我完全理解。生意模式一定要有特点，否则没有任何优势的情况下，贸然创业是死路一条；而启动阶段有客户支持，就等于有了订单，在跟供应商谈判和周旋的过程中会更有底气，也能借助老客户的订单把生意逐步运转起来。

第三条是我最感兴趣的，让生意随时在线，具体怎么做呢？是做一个网站，等待客户来访问？还是说通过电商平台守株待兔，等待询盘的出现？

根据他们的经验，我觉得整体上可以分为三个模块和要素。请看图3-1。

图3-1　让生意长期在线的三个模块

01. 官方网站

这是沉淀所有流量的核心。我想告诫大家的是，千万不要沉迷于电商平台，觉得它可以被动收取询盘，可以省好多事情。要知道，电商平台的流量哪里来的？有很大一部分还是来源于购买流量，以及从Google（谷歌）等搜索引擎引流。

很多朋友喜欢把产品放入阿里巴巴国际站等相关电商网站，这不是不可以，它是一个很好的渠道，但这绝对不是沉淀客户和私域流量的好办法。

如果你的网页直接链接到的是你的电商平台上的网站，这个问题是需要商榷的。

我的理解是，这个做法是给电商平台引流，而不是给你的公司。客户能够从电商平台找到你，也能找到无数你的同行。这部分的内容会在本书第五章做进一步阐述。

将官网的内容进行扩散和渗透以吸引潜在客户有很多种方法，总的来说，有低成本和高成本两种。

低成本，就是花一些时间去研究关键词，包括长尾关键词，丰富官网的内容，通过搜索引擎的引导吸引客户点击。此外，从图片到文案要多花心思，增加搜索引擎的收录。还有在国外的论坛和博客上主动回复潜在客户提问，增加知识性内容，逐渐引导客户到官网。

高成本，可以节约时间，但需要支付相应的广告费用，这就需要一定的预算来支撑。第一种是Google Adwords（谷歌关键词广告）的展示型广告（Display Ads）投放，你可以在许多网站上投放广告信息，增加曝光率。第二种是PPC[①]，通过关键词的点击来付费，实现通过广告来引流的目的。具体形式如图3-2所示。

---

① PPC 的全称是 Pay per click，就是有人点击了你的广告页面，你就要给 Google 付费，根据不同产品的关键词和热门程度，价格或许有天差地别。

图3-2 广告投放的Display Ads和PPC

02. 电子邮件

这是第二种可能让你实现24/7工作的手法。当客户通过各种渠道联系上你，但此时也许你在度假，也许你因为时差的关系正在休息，无法第一时间回复客户。这时候，通过在邮件客户端设置Auto-reply（自动回复）就可以给客户一个信号，你收到了他的邮件，会在什么时候给他答复。

这样一来，客户就可以立刻知道，邮件发出去不是石沉大海，是会在某个预期的时间内得到明确的答复。他就可以心里有底，不至于担心你有没有收到邮件，会不会回复。

如图3-3所示的案例，就是一封自动回复的邮件。

> Dear Sir or Madam,
>
> Thank you for contacting with us.
>
> Our daily working time is 9:00 am to 18:00 pm from Monday to Friday, GMT+8.
>
> And your email will be handled and replied soon.
>
> Best regards,
>
> Yibing

图3-3　自动回复的邮件案例

你只需要简单告知收件人，你的上班时间是上午九点到下午六点，中国所在的时区是东八区（GMT+8）[①]，上班后你会尽快处理和回复他的邮件。

我的习惯是晚上睡觉前先设置好自动回复，这样就等于让电脑替我做了简单的客服，对所有休息时间段发来的邮件都会进行简单的自动回复，给客户一个明确的信号，我很快就会处理他的邮件。

当然，公众假期，如中国春节期间更加需要专门设置一封自动回复的邮件，来告知客户我们的放假时间，什么时候开始工作，放假期间如果有紧急事情如何联系我们，等等，而不是放任不管。

03. 社交软件

这是第三种能为你24小时不间断工作的工具。社交软件近些年大行其道，最根本的原因是传统的B2B网站对接的是商务人士，而社交软件打通了全球各个阶层，对用户和受众进行了相当程度的扩容。

[①] GMT 是 Greenwich Mean Time 的首字母缩写，表示"格林威治标准时间"。国际上的时区分类，是以英国的格林威治天文台为起点。中国所在的区域是东八区，比英国时间早八小时，比如英国时间上午九点就是中国时间下午五点。国际通用写法就是 GMT+8。

更重要的是，社交软件可以沉淀内容，你一个月前发布的动态，三个月前写的文章，今天依然有人在看。

此外，社交软件可以摒弃硬性推广，商业氛围没有那么浓厚，可以打造和树立自己的专业人设，然后在输出一些相关技术内容的同时，顺便推广自家的产品，引流到官网，是非常有效的工具。

举个例子，假设你的公司是做家具的工厂，你可以通过Facebook（脸书）不断分享一些家具生产的工艺，不同的设计风格和流派，对于品质的把控，验货的标准，车间的生产安排等各种专业的文章，同时结合视频内容引导大家关注你的官网。

你甚至还可以再多推动一把，让潜在客户写邮件给你以获得免费的电子书之类的礼品，这样就可以让社交软件自动运转起来，不需要你主动一个一个找客户，去发私信，而是通过这一套CTA[①]的模式，被动添加客户，让潜在客户一个一个到你"碗"里来。

这部分内容，会在本章的3.6节"懒人"大法第三步做更多的案例分析。

3.4 "懒人"大法第一步

01. 学会借力打力

"偷懒"往往是推动社会前进的源动力。这一观点，我在本章开头的时候，已经做了阐述。

人们希望两地通勤时间缩短，于是有了马车。嫌弃马车太慢，后来有了火车。嫌弃火车太慢，又出现了高铁。觉得长途旅行的时间太长，于是有了飞机，有了遍布天空的航线。

而人类历史上许多的生产力和科技的进步，往往源于对美好生活的追求，对于可以进一步"偷懒"、解放生产力的设想。

---

① CTA：是英文call to action 的首字母缩写，表示"引导行动"。

那SOHO作为一个非常迷你的外贸企业，我们该如何解放生产力，进行技术创新呢？又或者说，在我们的工作中，究竟如何"偷懒"呢？

先别急，我们先看一个简单的案例。

案例 3-3

菠萝油的做法

很多广东人对于菠萝油这款面包不陌生。我曾经在香港工作多年，也特别偏爱茶餐厅的菠萝油。下午茶的时候，一杯不加糖的港式奶茶，配上菠萝油，一口咬下去，绝对是难以形容的美味。

那问题来了，如果我们不想吃外面买的，或者觉得外面餐厅做得不够好吃，想在自己家里做，该怎么办呢？

其实有两种方法可以选择。

方法一：用低筋面粉、高筋面粉、鸡蛋、牛奶、糖、黄油、酵母、水、盐等主料和配料，经过十几道工序，来完成酥皮和内里面团的制作，最后烘烤出炉后，切一片冷冻的黄油做夹心，就做成了美味的菠萝油了。因为菠萝包新鲜出炉是热的，而黄油是冰的，有些餐厅也称其为冰火菠萝油。

方法二：直接购买面包店新鲜的菠萝包，自己切开后，夹上一片厚厚的冷冻黄油，同样做成了菠萝油。

我们可以看到，其实两种方法得到的结果是差不多的。更何况，如果你没有相当的西点功底，或者没有长期训练的话，想把菠萝包做好很难，失手的概率会比较高。从原料到工艺到火候，这里面有无数的细节和学问，不是网上找个菜谱、攻略之类的，依样画葫芦就能做出港式餐厅的味道的。

如果说你的时间有限，或者对于厨艺没有什么特别的爱好，我建议选择第二种方法，简单直接，同样可以达到目的。

这就是"懒人"大法的第一步：尝试MI（微创新）[①]。

再说直白一些，就是借力打力，借助专业人士的时间和能力，加上自己的些许调整就可以完成全流程的工作。

02. 在操作中如何实现

在产品上，SOHO是完全可以实现微创新的。具体怎么做呢？

比如采用供应商现有的公模产品打样，做一些基础的修改，在不改变模具，不去做任何大预算投入的前提下，换颜色、换纸卡、换包装、换商标……改头换面后，变成"自己的新产品"，以配合不同的系列、不同的场景、不同的主题。

新产品的目的是什么？是为了展示，让不同的客户知道，我们有自己的产品，有设计和研发能力，并不只是简单地卖货。

我们要学会的是如何用少的投入来换取相对更高的回报，譬如更多的曝光率、更多的关注，等等。

日本知名设计师"熊本熊之父"水野学就曾提出一个观点："创新不是从无到有去创造，而是把现有的东西，想办法让它生出新产品。"

又比如做网站，如果你的公司是一个成熟的公司，你认认真真找一个可靠且专业的建站公司，按照你的设想和规划、公司的文化和风格、产品线和具体内容来做一个非常专业的官网，这当然很好。可是大多数SOHO，还是会困扰预算问题，有钱才能做这些，如果没有充分的预算，你又不想随便做个特别差的，自己都看不下去，怎么办？

这同样可以变通，比如注册好自己的独立域名，然后用一点点费用来购买一个精美的模板，做一下简单的调整，在图片和字体上做修饰，内容文案进一步优化即可。自主建站也不是难如登天的事情。

[①] MI：这里是micro-innovation的简写，表示"微创新"。

譬如wix.com，可以让有一点互联网知识和技能的用户独立完成网页建设。譬如shopify，是如今非常火热的自建站平台，适合跨境电商企业建站。还有热门的wordpress等，这部分内容，会在本书第四章做进一步的分析和对比。

或许看到这里，大家都快要掀桌子了，这都什么呀，不是教"懒人"大法吗？怎么通篇看下来都是要勤奋工作的？不看了，不看了。

说实话，这已经是在"偷懒"了，我拿出压箱底的招数就是想展示给大家，你可以用三分力气去做七分事情。

用极少的预算，"偷懒"的思路来做微创新，其实两个字就可以说明白，就是"嫁接"。

3.5 "懒人"大法第二步

做SOHO会有各种零碎的工作，千头万绪。很多事情是你在创业之初根本设想不到的，你可能只看到了美好的一面，觉得希望就在前方，但是没料到前面遍地是坑。

可能你要自己做销售，要负责开发客户，要对接供应商、寻找货源，要研究推广和投放渠道，要思考网页内容，要琢磨文案怎么写，要推敲同行的选品，要追踪搜索引擎的关键词偏好，要钻研目标市场的趋势变化……

这些工作堆积如山，会让你觉得无从下手。更何况，忙得焦头烂额还不是最糟糕的，在没询盘、没订单的时候，你还要做自己的心理咨询师，随时控制和调整情绪，找方法释放和缓解压力。

谁都不是铁打的，长此以往，一个人怎么忙得过来？如何在忙碌中依然保持从容不迫，维持良好的心态至关重要，所以，你要学会精简和剥离，只关注最核心和最重要的工作。

这就是"懒人"大法的第二步：ICE模式，外包一切可以外包的生意。

请看图3-4。

ICE MODEL- LOW COST OUTSOURCING

INFORMATION
比较和掌握更多的信息，利用不同国家和地区收入的剪刀差，聘请专业的兼职人员完成外包工作

CREATION
自己整合外包内容，重新修改，进行再创造，把别人的东西美化、统一风格后变成自己的

EVALUATION
在实际工作中，根据使用情况来评估和反馈外包工作的成果，从而确定下一阶段的目标和细节

图3-4　ICE模式低成本外包

总的原则就是外包一切可以外包的工序，但前提是三个字："低成本"。低成本的目的是用相对低廉的价格来购买别人的时间，为你完成工作提供服务，用一小部分钱来购买对我们而言相对"超值"的东西。

假设你自己做这件事情，可能需要两小时左右，你每小时的时间成本假如是人民币100元，那你做这件事情相当于用了200元钱。

可别人是这个领域的专业人士，同样的事情到他手里却是举手之劳，半小时就可以完成。而他每小时的时间成本只有80元，所以他把这个问题解决所花费的时间成本仅仅只有40元钱。

这时候，他对外的报价也许是90元，因为他还需要赚50元，这是他的利润。那对你而言，最优选择是什么？当然是用90元购买他的服务，你不用自己劳心劳力，还赚了110元，这就是结果。

当然，这只是基础的经济学理论、最简单的模型，在实际工作中，情况会复杂许多，但是基本的逻辑，考虑问题的方式是不会变的。

比如商标设计、名片制作、照片拍摄、文案修改、网站挑错等一系列工作，我都会考虑外包，用好"懒人"大法第二步，把自己的精力专注于最能产生核心价值的销售端，维护好客户，做好产品定位和市场营销。这才是主基调，才是我应该全力以赴的。

我常用的外包服务平台会在本书第四章做进一步分析。记住，千万不要怕花钱，这不是消费，不是浪费，这是投资！

3.6 "懒人"大法第三步

找客户是很麻烦，很让人头疼的事情，因为需要耗费大量的时间精力去做背景调查，去变着法儿使用搜索引擎，还要想方设法寻找冷门关键词，挖掘潜在客户。

这些工作，都是正确的。可我想补充一个小小的建议，如果我们用一点点小技巧，让潜在客户愿意主动联系我们，是不是很棒？

"哈？你开玩笑吧？有那么好的办法？我怎么不知道？"

其实，这就是一个销售心理学的内容，要让潜在客户对你感兴趣，就要让他们发现并主动联系你，甚至跟你聊天，他们可以获取到一定的价值，而这个价值又正好是他们需要的。

这就是"懒人"大法第三步：软性CTA。客户没有联系你的兴趣，也没有特别紧急的需求，怎么办呢？当然不能随意放过，要主动推一把，去诱惑和引导一下他们。

这里，就需要一个软性的CTA。譬如，你可以在官网做一个小小的设置，当客户访问你的网站时，网页中可以跳出一个对话框，内容也许就是图3-5中这封三句话的简单邮件。

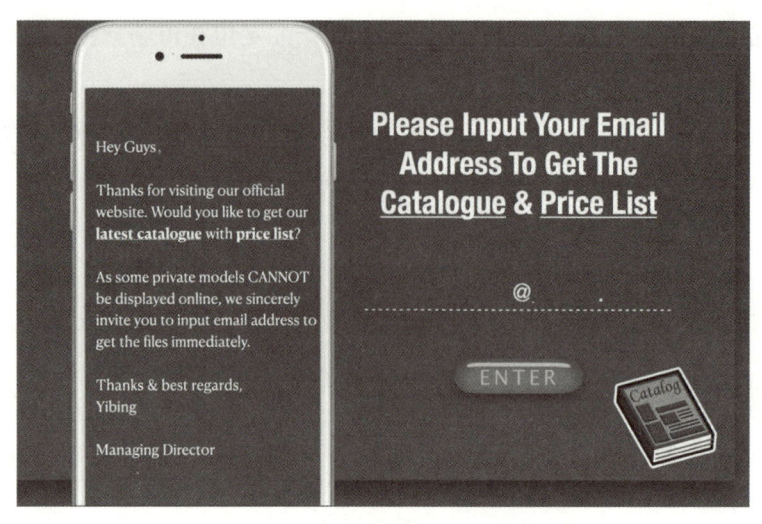

图3-5　引导潜在客户登记邮箱

这就是很基础的"回勾一手"的策略，在对方进入你的网站的时候，给一个相应的引导，让对方心甘情愿地留下联系方式，来获取免费的样本和报价单。

图3-5这封邮件，逻辑上是一个层层递进的关系。

第一句，感谢你对于我们官网的访问。这是基本的客套话，标准的开场白，不至于太夸张，推销意味也不会太浓。

第二句，你是否需要我们提供最新的样本和报价单？虽然是提问，但显然是技巧性引导，希望对方有肯定的答案。免费的，这样就有很多人想要看看具体内容，同时了解一下大致的价位。这里故意用latest这个单词，就是突出我们的样本是最新的，而不是多年前的旧东西。

第三句，由于很多私模类的产品不能放到网上，我们想请你填一下你的邮箱，我们会把相关资料直接发给你。这就是软性的call to action，该说的都说完了，目的当然是请对方留下邮箱，我们会把资料通过邮件形式发给他。这里又多了一个暗示，就是private models，特地强调是"私模"，而且是复数形式，指出这类产品可不止一款，想看吗？想看就留下邮箱吧。

这么一环扣一环，就会出现一定的转换率，很多潜在客户有对口的需求，就会留下一个邮箱，点击确认，然后等待资料发送到位。

"懒人"大法第三步，软性CTA在实际工作中效果是相当不错的。不信？看看图3-6这个案例，这是米课的营销专家颜sir的一次尝试，他使用软性CTA带来了无数的潜在客户。

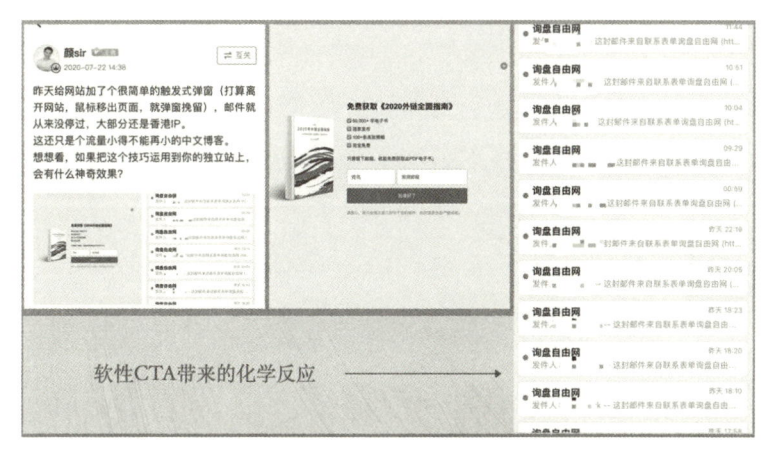

图3-6　软性CTA带来的化学反应

他尝试在个人网站"询盘自由网"上做了一个触发式的弹窗，假设客户浏览网页后打算离开网站，鼠标移出页面准备关闭网页的时候，就会跳出一个弹窗来挽留。这个弹窗会提示用户输入名字和邮箱，这样就可以得到一本免费的电子书。

结果，图3-6最右边，大家可以看到，询盘瞬间剧增，获得了非常神奇的效果，他不需要花很多时间去一个个找客户，客户们都主动跑进来了。

这就是软性CTA的威力，只要你逻辑对了，思维对了，这些小技巧可以给你的工作带来非常庞大的助力，从而减少你的工作量，可以让你把精力一直放在核心问题上。

第四章
外贸初创企业工具百宝箱

> 操千曲而后晓声，观千剑而后识器。
>
> ——刘勰《文心雕龙》

4.1 寻找灵感，去看看别人怎么做

孔子说："工欲善其事，必先利其器。"

孙子说："知己知彼，百战不殆。"

我们在创业和项目执行的过程中，首先要摒弃的就是拍脑门做决策，完全凭借自己的想象和喜好去执行。千万不要"我以为"，而要好好了解一下情况，看看同行们在做些什么，他们有什么灵感？有什么创意？又或者是有什么我们想不到的细节做得更好？

我个人认为，最直接也最有效的办法就是停止闭门造车，迈开腿，去做field inspection（实地考察）。

比如参加综合性的展会，看看同行的产品，了解供应商的产品，也顺便关注客户和潜在客户的新需求，哪些摊位最热闹，原因是什么，这背后有很多东西可以琢磨，可以慢慢分析。

比如去海外直接跑零售市场，看看产品的定价、包装，以及相关销售模式。同时拜访潜在客户做地推，哪怕我们暂时被拒绝，也可以从中获取一些宝贵信息，了解我们输在哪里，或者客户更喜欢什么样的产品。

那除此之外呢？谁都知道去展会可以直面客户，可以实打实地见到很多

陈列好的产品，很多新的设计和风格，甚至连包装和上架等都可以给我们许多启发，去改善现有的工作。

但是，大部分的外贸SOHO预算有限，是不会考虑只身去海外的。也就是说，我们必须采用更加经济的方式，那有没有不花钱了解同行的网站或工具呢？有没有可以给我们提供灵感的地方呢？

在如今信息爆炸的时代，只要你肯挖掘一切都是有的。这里我就简单提几个我自己常用的网站。

01. Behance

我最爱的Behance（http://www.behance.net），是国际上设计领域最顶尖的社群，其官网首页如图4-1所示。

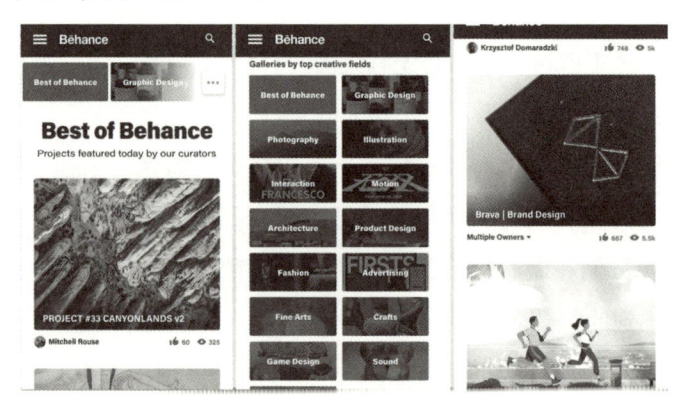

图4-1　Behance官网（http://www.behance.net）

不管是平面设计、网页设计，还是产品设计、包装设计、工业设计，又或者是当下火热的APP界面设计，以及各种视觉元素的设计，这个网站都可以给你带来不少灵感。

Behance汇集了大量世界各地的设计师，他们整体上层次高，能力都比较强，因为在这样的业内设计师集中的地方，实力差的人也不会上来献丑。

也许很多做SOHO的朋友还没有能力在Behance上雇佣设计师，但是学习和揣摩别人的灵感和创意，然后优化和打磨自己的产品还是可以的。

02. Springwise

Springwise（https://www.springwise.com），专门搜罗、整理和更新一些生意和创意，是信息交换的平台，也提供各种专业类的文章和相关分析，其官网首页如图4-2所示。

平时觉得没有灵感，或生意发展碰到瓶颈和困难的时候，我会偶尔去这里看看别人的一些想法，给自己提供灵感。

图4-2　Springwise官网（https://www.springwise.com）

03. 10times

10times（https://10times.com），集合了全球展会信息，其官网首页如图4-3所示。

图4-3　10times官网（https://10times.com）

这是我非常喜欢的一个网站，在平时工作中的浏览率和打开率非常高，利用得十分充分。

首先，这是一个搜罗全球展会、行业会议和峰会论坛信息的集合型网站，是我压箱底的收藏。对于外贸人而言，这个网站太重要了！

譬如，你的贸易公司是做宠物用品的，你有兴趣到国外参展，但是你仅仅知道美国奥兰多的宠物用品展，对于其他国家的宠物用品展一无所知。这时候，通过这个网站搜索pet items（宠物用品）就可以查到全球跟这类产品有关的展会，一步到位，省去了到处搜索、到处找展览公司询问的麻烦。

其次，在搜索行业展会的同时，你还可以借此发现很多登记参加某些展会的供应商，并根据同行的参展情况，来判断展会的规模和客户的方向。

再次，你可以在10times上查到登记参加某些展会的客户的信息、姓名和公司名以及相关内容，外贸人应该知道，接下来怎么做了吧？当然是用好搜索引擎，结合社交软件，精准找到对口的联系人，有针对性地开发。

其他还有很多玩法，大家可以慢慢发掘。一个展会信息的集合网站，如果你用得好，用得足够巧妙将远远超过它本来的价值。

4.2 图片为王，免费资源实在太棒

自己拍的照片不像样，放在社交软件或官网上，格调和档次太低怎么办？这简单啊，可以购买专业摄影师的照片，甚至我专门定制服务，拍摄你想要的图片素材。

什么？没钱？

这的确是个问题，但也并非无解。因为国际上有几个主流网站可以提供免费的高清图片，甚至不限制使用，可以用于商用。

01. Pexels（https://www.pexels.com）

我个人非常喜欢这个网站，其官网首页如图4-4所示。它是我平时课件中许多图片素材的来源地。这个网站提供的图片是可以供个人使用的，也可以商用，是完全免费的。

同时，这里的图片还会显示详细的来源信息，比如什么相机或者手机拍摄的，具体的焦距、光圈、ISO、分辨率、尺寸等。因此，这个网站也是摄影爱好者交流的一个好地方。

最重要的是，网站中的图片都是高清大图，可以让我在各种场景下灵活使用，而且无须注册，直接下载就可以，界面非常友好。

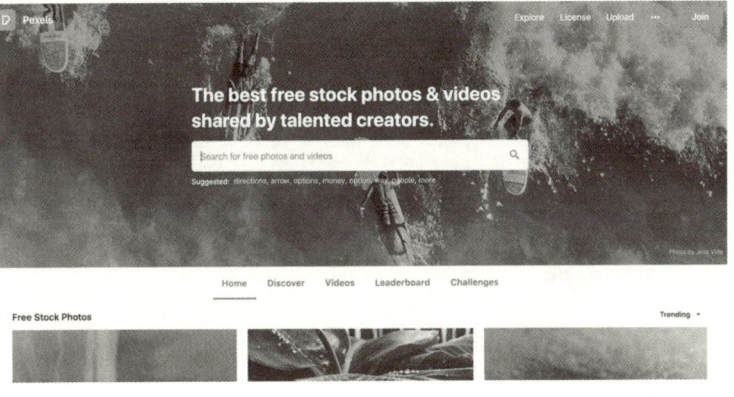

图4-4　Pexels官网（https://www.pexels.com）

02. Pngimg（https://pngimg.com）

经常用PowerPoint或Keynote做幻灯片展示的人都知道找一张去底的图片有多难。找不到的时候，就只能用Photoshop一点一点抠图，这对于非平面设计专业的人士而言，真的是要多痛苦就有多痛苦。

Pngimg网站算是给我们的一个福音，它提供了大量的png格式的去底图片，大大方便了使用者，节约了大家的时间。

Pngimg官网的首页如图4-5所示，别看这个网站界面有点土，文字又密密麻麻的，实际上，它根据不同的关键词做了索引和分类。

如果你不想通过内容索引浏览图片，可以在对话框里输入关键词搜索你想要的去底图片。

这里的去底图片是不断更新的，所以你如今看到的庞大的图片量是长年累月更新积累下来的。

图4-5　Pngimg官网（https://pngimg.com）

03. Pixabay（https://pixabay.com）

Pixabay号称是全球最大的、无版权图片的网站之王，提供的图片数量并不算少，只是有侧重点，主要是自然风光、城市景观类的图片，以及动物的静态和动态图片，拍摄得都相当棒。其官网首页如图4-6所示，网站上大部分图片的像素非常高，完全可以用来做电脑的壁纸。

在平时打理网站和社交软件的时候，可以到Pixabay上找找灵感和素材，以及可以匹配文字的配图。

对于需要长期打理社交软件、做垂直客户定位的外贸SOHO而言，Pixabay上的图片可以满足自己大部分的需求。

相对而言，我们特别需要的生意范畴的图片，Pixabay上没有特别多，可选择的余地相比Pexels要少一些。

这里所有的图片都提供免费下载，没有任何的附加条件。

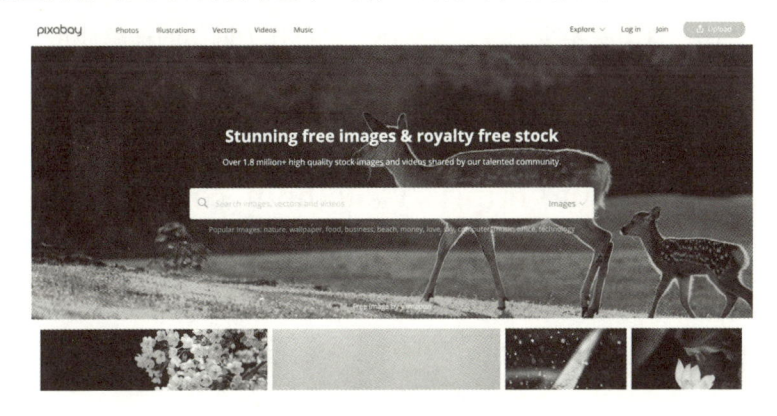

图4-6　Pixabay官网（https://pixabay.com）

04. Stocksnap（https://stocksnap.io）

这同样是个神奇的网站，不仅有很多的库存图片，每周还保持数以百计的新图片更新，而且这一切都是免费的，没有任何的版权限制。

这个网站相对小众，在国外，它是许多设计师寻找图片素材的宝地。其官网首页如图4-7所示。

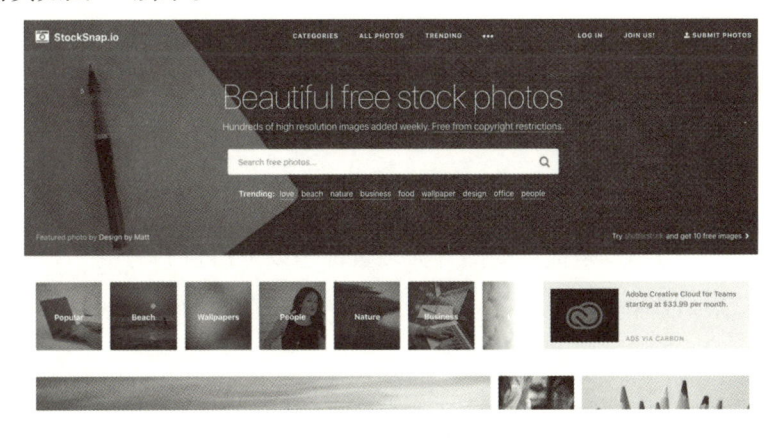

图4-7　Stocksnap官网（https://stocksnap.io）

如果你担心用Pexels和Pixabay这两个网站的人太多，图片可能会出现"撞衫"的情况，不妨留意一下Stocksnap，它可能会让你有意外惊喜。

另外，如果你需要一些特殊尺寸的图片，比如特别宽的图片，甚至类似于全景尺寸的长图，这里有不少选择，这些图片可以作为网站的横幅使用。懂得挖掘的人能从这里淘到不少好东西。

05. Visualhunt（https://visualhunt.com）

这个网站的特点是它的关键词搜索功能特别强大，智能化程度很高。它在我的工具百宝箱里属于打开频率相当高的。它的官网首页如图4-8所示。

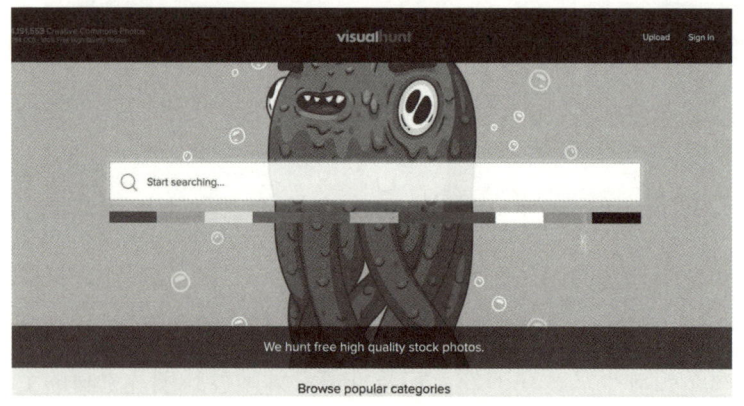

图4-8 Visualhunt官网（https://visualhunt.com）

这里的图片同样是高清图，你可以放心下载，没有版权纠纷，图片同样可以供商业使用，而且你可以不注册会员。

06. Streetwill（https://streetwill.co）

这个网站的特点是提供的图片大多数都是以黑白色调为主。对于黑白照片有特殊情结或需求的人来说，这是个好地方。其官网首页如图4-9所示。

图4-9 Streetwill官网（https://streetwill.co）

Streetwill的整体风格，我个人认为是类似于北欧人的审美，走清冷简洁路线，大部分以自然风光和城市为主。

虽然也有一些大色块，但整体上还是以展示细节为主，图片的像素比较高，大部分都是专业摄影师的作品。

如果上面几个大的图片网站看腻了，你也可以试试Streetwill，找一些有特色的细节图片。比如电梯的按钮都可以拍出大片的感觉。

当然，这里的图片同样也是可以免费下载的。

07. Librestock（https://librestock.com）

这又是一个重量级的神奇网站，它可以算得上是免费图片网站的大集合。其官网首页如图4-10所示。

图4-10 Librestock官网（https://librestock.com）

Librestock的逻辑就是通过关键词索引，把各大免费图片网站的资源整合在一起，让你可以得到一站式的搜索结果。

譬如它除了整合我们熟知的Pexels、Pixabay、Visualhunt这三个常用的免费网站的图片外，还搜罗了Negative Space、ISO Republic，以及许多小众网站的图片。对于我们这些善于偷懒的人是一个很好的福利。

当你点击某一张图片后，并不是在Librestock官网浏览和下载，而是重新跳转到具体的某个网站。所以这个网站仅仅有索引的功能。

根据我个人的使用习惯，虽然说一站式的搜索结果可以带来不少方便，但在关键词设置上，Librestock的确不够智能化，有的时候搜索到的图片会有些混乱，要花费大量的时间去寻找和比较。

所以，Librestock更多时候还是辅助性的搜索。

4.3 数据时代，大数据下的小数据

大数据时代，我们能忽略数据的使用吗？

这显然是不可能的。

数据有很高的参考价值，可以给你的决策提供依据。当然，前提是你真的会使用和整合数据。

这里有几个跟数据有关的工具，或许可以给大家的工作带来效率的提升，也可以让大家知道市场的变化情况。

比如判断某一类产品是否热门，那么客户的搜索量、设置的关键词就是一个很重要的参考内容。

比如某一类产品一直没什么销量，我们就更加需要了解是我们的产品的问题还是行业的问题，抑或是价格的问题。那同行的出货情况、销售情况、关键词的设置、网站的流量等就不得不关注了。

数据的使用虽然重要，但不要过于迷信数据，陷在数据的坑里出不来。在使用的过程中，必须结合自身的情况，让数据为自己服务，而不是被数据

牵着鼻子走。在大数据下，要学会架构属于自己的小数据。

以下的几种工具是我在平时的工作中长期使用，一直放在收藏夹里的。

01. Droppoint（https://www.droppoint.site）

这个网站非常有意思，我把它放在首位来推荐。它的定位是product spy tool，相当于一个间谍软件，让你去了解你的同行在做些什么，哪些行业或产品是如今的热门。

通过图4-11所示页面右边的关键词搜索，你可以发现别人的网站在推广什么，别人用哪些关键词在打广告，这实在太有价值了！

图4-11 Droppoint官网（https://www.droppoint.site）

比如你的同行千辛万苦地做了个网站，偷偷上线了某一款产品，巧妙地设置了长尾关键词，结果被你发现。你迅速地学习，并用于修正自己的产品设计和定位。

这个网站唯一的缺点是需要订阅付费，目前价格不高，每月支付5美元即可，未来会不会涨价就不得而知了。有需要的朋友，不妨试试看。

02. 米课海关数据（https://data.imiker.com）

海关数据的作用和威力就不用说了，通过关键词的搜索、目标客户的搜索、同行公司名的搜索、HS编码的搜索，可以查找自己行业内的客户信息、同行的出货信息，甚至提单的相关内容。

虽然海关数据不是万能的，而且不是每个国家的数据都会开放，但是整体上，它可以给我们提供不少的参考和资源。一旦结合搜索引擎和社交软件使用，再配合开发信的精准开发手法，转化率将会大幅度提升。

米课的海关数据聚合了不少相关内容，给学员搭建了数据库，对于米课的付费学员，提供了免费的海关数据。其网页如图4-12所示。

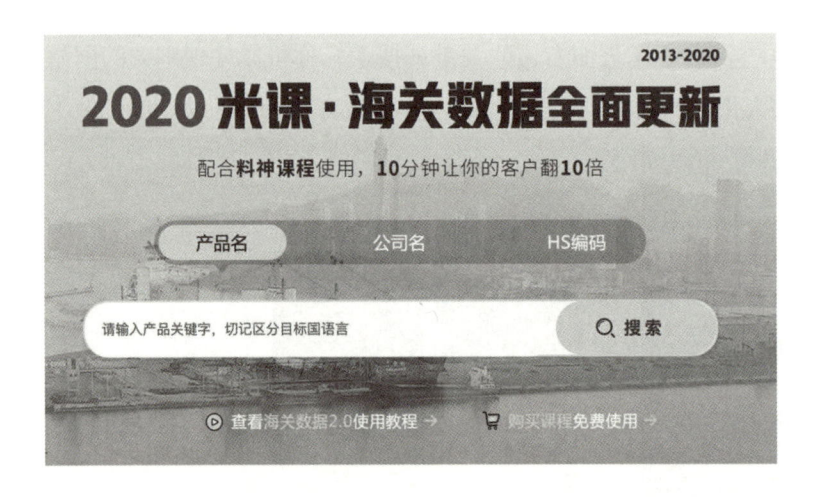

图4-12 米课海关数据（https://data.imiker.com）

03. Google Trends（https://trends.google.com）

这个不用多说，大多数外贸人都知道，通过谷歌搜索引擎你可以去了解全球各地的客户都在搜索什么东西。你也可以查询搜索不同国家的趋势变化。

譬如我是做家具的中国供应商，想了解美国的客户和消费者关于家具类产品搜索的偏好是什么，我可以在Google Trends的页面里搜索furniture（家具）这个关键词，在结果页面我可以看到相关的搜索量的趋势变化，以及热门的搜索内容。

这些资料可以给我们的产品设置关键词提供许多的内容和素材。Google Trends搜索页面如图4-13所示。

图4-13　灵活使用Google Trends

（https://trends.google.com/trends/explore?q=furniture&geo=US）

04. Similarweb（https://www.similarweb.com）

这个网站特别棒，可以用来分析自己公司的网站，还可以专门分析同行的网站。相关的趋势图和数据都非常全面。

一旦使用过这个网站就会产生强烈的依赖性，对于很多客户的网站，动不动就想分析一下，顺便看看客户同行的情况。

这个工具既可以纵向比较也可以横向比较，甚至挖掘出一些你原先一无所知的内容。

比如你给一个德国客户供货，做了好久的生意，但是你根本不知道他的同行是谁，做哪些产品，是不是比他做得更好。

如果用了Similarweb，你就能借此知道客户竞争对手的情况，给你带来不少参考信息。你也可以借此分析彼此的优缺点，甚至找找有没有合作的可能。

这个网站的使用可以是千变万化的，外贸SOHO需要花点时间多琢磨，一边了解目标客户，一边思考横向开发的问题。其官网首页如图4-14所示。

图4-14　Similarweb官网（https://www.similarweb.com）

05. Domaintools（https://whois.domaintools.com）

对于客户网站的相关信息，如注册时间和使用年限等基本情况，我们在做背景调查的时候是一定要做一些幕后工作的。

有的时候，客户仅仅是一个刚注册域名的小公司，但是声称有多年的经验，生意做得很大，网站存在了许多年。你通过Domaintools一查，就可以让说谎者无处遁形。真的，假的，吹牛的，还是缩水的，在数据之下一目了然。

一个域名虽然简单，但是背后隐藏了无数的细节，认真挖掘的话，可以带来不少的信息。

除了Domaintools外，还有以下几个网站也可以实现类似的功能，你可以一并留意一下，甚至可以多个网站搜索，来比较结果是否准确。

https://whois.net；

https://www.whois.com；

https://networksolutions.com/whois。

你可以做一个简单的尝试，如果使用Domaintools来查询米课这家公司（https://www.imiker.com）的域名信息，得到的结果如图4-15所示。

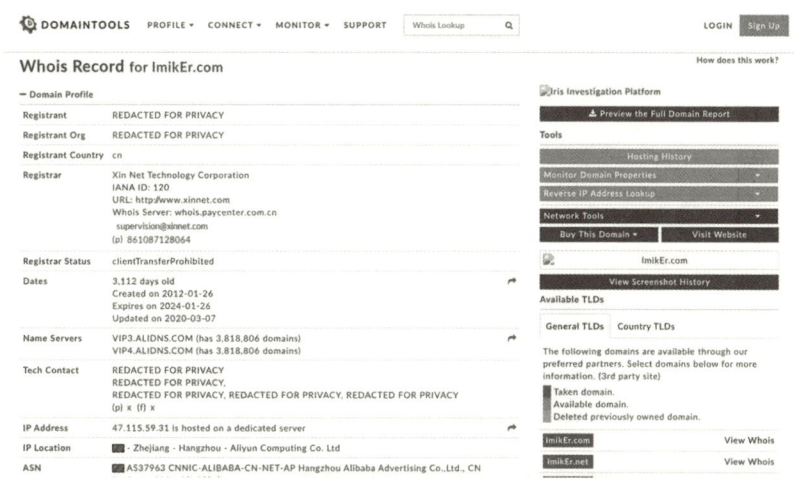

图4-15　Domaintools查询结果

（https://whois.domaintools.com/imiker.com）

06. Webarchive（https://web.archive.org）

这个世界上有时光机吗？

现实中没有，也许未来随着科技的发展会出现时光机这种神奇的东西，可以让我们回到过去。

但是互联网中，"时光机"是存在的，我们可以借助工具去发现一个网站过去的情况，去发掘更多我们需要的数据和内容。

假设客户官网上有卖某一款经典产品，零售价是19.99美元。你是否想知道这款产品过去的价格是多少？是一直是19.99美元，还是有调整过价格？

此外，在万圣节、圣诞节等促销时期，会不会有特别低的折扣？如果有，促销价是多少？

这一系列的信息都可以通过"时光机"来实现，让我们的调研工作变得有迹可循。

图4-16　Webarchive官网（https://web.archive.org）

07. Hunter（http://hunter.io）

这是另外一个特别好用的"神器"，可以通过客户的公司域名去反向寻找相关人士的邮箱。

假设你通过搜索引擎、关键词找到了某个潜在客户的网站。但是客户变精明了，为了避免推销邮件泛滥，没把自己的邮箱放在网上，就算放了，也是放一个不怎么看的备选邮箱而已。

这种情况下，你如何精准找到客户的邮箱呢？过去你采用的可能是猜的方法，比如域名是邮箱后缀，前面尝试加上sales、buyer、purchaser、info、manager、director等多种组合，看看能不能把邮箱猜出来。

这种方法会耽误不少时间，也属于撞大运。因为国外许多公司是用客户名字的全拼或者缩写来作为邮箱的前缀。

如今有了Hunter这个利器就不一样了，你不需要穷举和猜测，直接把客户的域名输入，点击搜索键就可以找到跟这个域名有联系的所有邮箱，是不是很方便？

譬如，我想联系美国的家具品牌Restoration Hardware，想看看有没有开发的可能。这家公司的官网是www.restorationhardware.com，我可以借此判断，他们员工的邮箱应该也是以restorationhardware.com结尾。

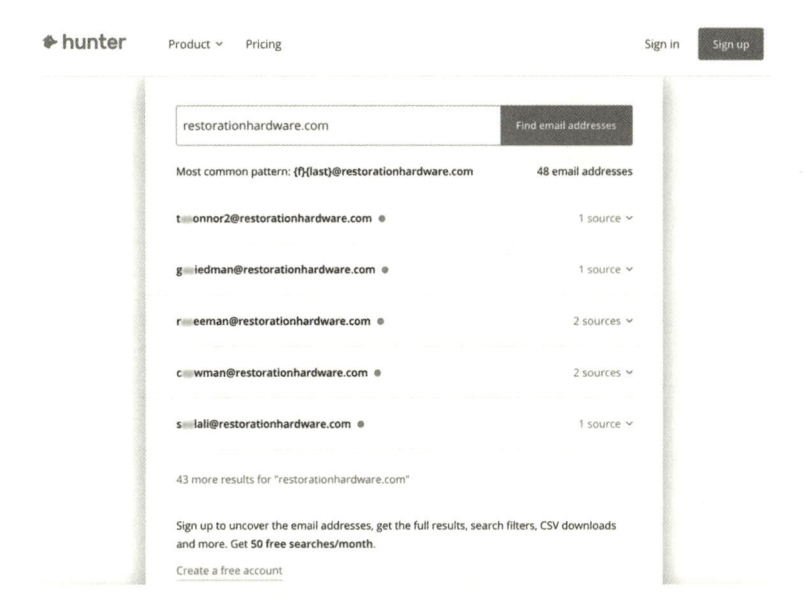

于是，我尝试在Hunter输入restorationhardware.com，得到图4-17所示的结果。

图4-17　利用Hunter搜索客户邮箱

（https://hunter.io/search/restorationhardware.com）

这里可以看到一共有48个相关的邮箱，应该涵盖了这家公司的主要同事和工作人员。这时候，如果再结合前缀的名字，对应去LinkedIn寻找相关人员，一个个匹配比对，就可以迅速找到对应的买手或者相关负责人。

Hunter只需要注册一个免费账户就可以每月查询50次，还是很人性化的。如果要查询更多就需要付费购买了。

4.4　流量沉淀，自建站与专业建站

做SOHO，在开发客户的过程中往往离不开自家的官网，需要通过官网沉淀和积累客户，也需要从多种渠道为官网引流。

那如何搭建一个出色的网站来完成我们"小而美"的目标呢？

一般而言，有两种途径。自己完成，或者是找专业公司完成。

01. 自建站的几个选项

WIX（https://www.wix.com）

WIX的优势在于可以让没有太多互联网知识，也不会写代码、不懂编程的人做一个相对精美的网站。在交互设计上，界面非常友好，比较容易编辑。其网站如图4-18所示。

图4-18　利用WIX建站（https://www.wix.com）

但WIX也有缺点，就是不能使用自己的域名，而且会有相应的广告无法去掉。如果你坚持要去广告，坚持使用自己的独立域名，就需要升级和购买相应的服务。

在国内，WIX的使用没有那么普遍，但是欧美国家不少中小企业会采用这种相对简单的方式来搭建一个基础的网站。

WordPress（http://wordpress.org）

WordPress是如今大热的建站工具，是利用PHP开发的免费、开源的CMS系统[1]，最大的优势就是容易上手，有大量开发者制作的不同外观模板。其网站如图4-19所示。

---

[1]　CMS 系统：CMS 是 content management system 的首字母缩写，表示"内容管理系统"。

它让不懂编程的外行也可以通过基本的学习开始自己的网站建设。

多年下来，WordPress逐渐开发了大量的插件，功能变得越来越丰富，你可以购买各种主题模板搭建自己的网站。更重要的是，所有的主动权都是掌握在自己手里的，随时可以迁移。

当然，WordPress也有相应的缺点，对于专业人士而言它的功能显得不够强大，做展示型网站绰绰有余，但如果要附加大量的功能，就显得逊色了。

图4-19　利用WordPress建站（http://wordpress.org）

Shopify（https://www.shopify.com）

Shopify近些年发展迅速，是加拿大难得的从事电子商务的互联网独角兽企业，为电商卖家提供搭建网站的相关服务，并通过一系列增值服务赢利。

坦白地说，Shopify的确可以让我们消除编程的困扰，制作出界面还算不错的网站，并且具有支付功能和相关后台。但是Shopify的限制特别多，比如外观和功能会有一定的限制，不适合传统外贸，月租费和佣金抽成高，数据备份和内容迁移有困难等。我个人不建议从事传统外贸的SOHO去尝试Shopify，除非你同时有做跨境电商或零售。Shopify网页如图4-20所示。

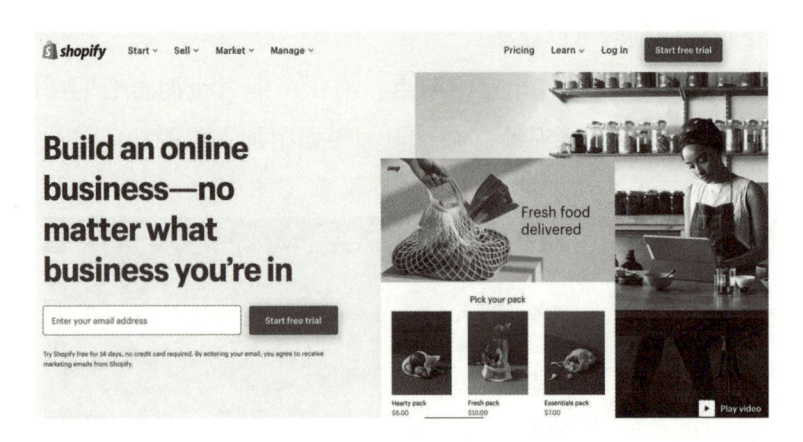

图4-20 利用Shopify建站（https://www.shopify.com）

02. 专业建站的考量

如果对于网站的要求比较高，不愿局限于模板，有自己的想法和创意，想尽情地发挥，那就需要专业的建站公司来把这些想法和内容具体实施和落地。

对于外贸SOHO而言，建一个属于自己的网站是大家的梦想，因为我们需要一个专业的官网去吸引客户、展示产品、提供服务、传递企业文化和内涵。

这就好比买房，你选择WIX或WordPress自己搭建网站，有现成的模板和相应的工具，这就是精装修的房子，硬装已经搞定，你只需要把软装做好，然后添置家具和家居用品就可以完成入住前的工作。

而专业建站相当于你购买的是毛坯房，本身什么都没有，你要依靠设计师做方案，依靠装修公司来完成所有的硬装和软装，最终把这套房子变成可以居住的家。

精装修的房子，居住方便，但问题是装修风格单一，展示个性的地方很少，只能通过软装和家具来做一些小小的差异化设计。

毛坯房装修就不同了，设计师的发挥余地非常大，你自己的想法和要求可以一步步落实，有大量的自主选择空间，可以让这套房子具有独特性和唯一性。

专业建站也有很多坑、很多困难，让许多外贸人流下辛酸泪。

比如建站公司不够专业、设计师的审美不行、工作人员做事情无比拖沓效率极低、价格非常昂贵又绑定各种服务……

我相信每个外贸人都有自己的标准和考量，每家建站公司都有自己的优缺点，这是很自然的事情。

第三方有第三方的好处，专业的人做专业的事，但第三方也有相应的缺点，比如沟通和对接烦琐，不能如臂使指，审美和格调不一致，无法完全满足客户的要求等。

当然在预算充分的情况下，你也可以考虑外包相关的服务，由专业团队来对接和处理这些工作，给自己节约时间，把有限的精力用在外贸主业上。

我相信每个人的现实情况不同，需求和考量的点也不尽相同，所以这里没有最合适的选项，只有根据自身的情况，选择最适合自己的方式。

企业网站是企业的一张名片，通过这张名片，你会给客户一个模糊的概念和感受，树立起企业的初步形象。

这些东西不一定马上就要做，但是应该放在公司发展的规划上。如今不做，在未来的某个时间，还是要完成的，可以先准备起来。

4.5　文件制作，高大上没有那么难

作为初创的小微外贸企业，你要事无巨细地把每一项工作都做得细致和扎实，越是马马虎虎，就越不可能跟正规的企业竞争。

对于SOHO而言，我的标准是要注意审美和细节。本来就是小公司，当然要做好不对称竞争才行。大公司或许靠产品取胜，靠工厂取胜，靠价格碾压，靠付款账期取胜，这些小公司都做不到，小公司只能从"小而美"的门面上去下功夫。

比如，各种文件和表格代表了我们的形象。如何做得精致，看起来高大上呢？别担心，这里同样有好工具可以用。

01. 专业的名片设计（Canva）

如图4-21所示。

图4-21 利用Canva设计名片

（https://www.canva.com/create/business-cards）

02. 美观的发票和形式发票制作（Freshbooks）

如图4-22所示。

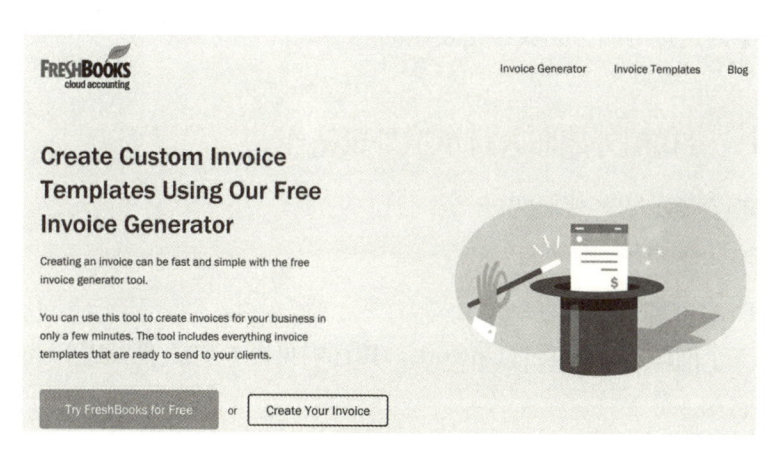

图4-22 利用Freshbooks制作发票

（https://www.freeinvoicegenerator.com）

除此之外，还有以下两个网站也可以尝试使用，制作一些比较美观的发票、形式发票等文件：

https://invoicemaker.com；

https://www.freshbooks.com/invoice-templates/proforma。

4.6 用低成本外包一切

除了以上工具外，你在SOHO创业的过程中还有无数的工作是无法独立完成的。

你可能需要平面设计师设计图稿，可能需要工业设计师渲染三维图纸，可能需要专门设计一个产品商标，可能需要给网站首页定制效果图，可能需要设计产品样本册，可能需要专业人士撰写文案，可能需要专业工程师来写英文说明书，可能需要拍摄酷炫的产品视频……

这些东西，为什么不能请人做呢？因为SOHO的资金紧张，囊中羞涩，请不起人，但是自己又做不好，这就需要增加outsourcing（外包）的部分，用低成本把一切可以外包的工作都外包出去。

以下的这些网站，是我经常使用的。

01. 寻找国外兼职人员承担外包工作

https://www.upwork.com；

https://www.fiverr.com；

https://www.freelancer.com。

这三个网站里，我首选Upwork，其官网见图4-23，然后是Fiverr，最后是Freelancer。

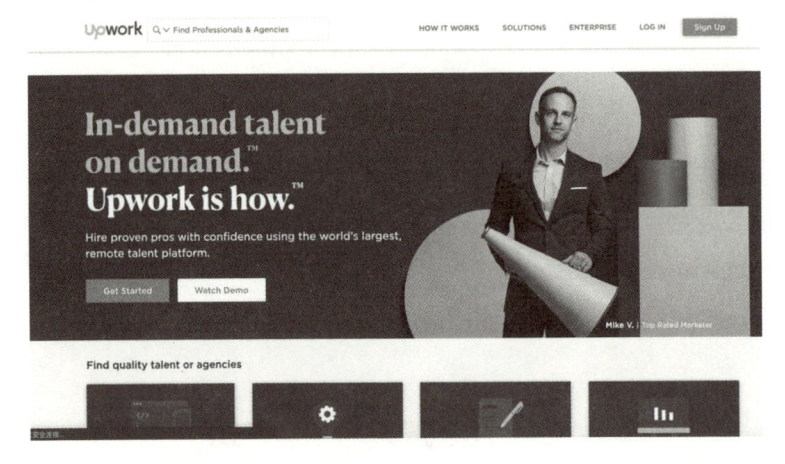

图4-23　Upwork官网（https://www.upwork.com）

02. 寻找国内兼职人员承担外包工作

https://www.zbj.com（猪八戒）。

猪八戒网的服务范围非常广泛，许多承接外包业务的主体是企业，也有一部分是个人，人员水平参差不齐，需要注意甄别。

第五章
销售渠道的系统化梳理

> 花看半开，酒饮微醺。
>
> ——洪应明《菜根谭》

5.1 O&O 一体化思维

01. 如今的外贸行业错综复杂，我们何去何从

随着商业环境和消费习惯的剧烈变革，商业模式也在不断推陈出新。很多年前，客户寻找供应商的方式是线下展会见面，讨论细节，然后通过书信和传真的方式来沟通。

我们所说的外贸函电，这里的"函"，是信函；"电"，是电邮。"函"存在了很长一段时间，一直到二十世纪九十年代，电脑在中国也未曾全面普及，很多外贸企业依然采用的是书信和传真的方式沟通，然后逐步转变成电子邮件方式。

在那个阶段，主要的获取客户的方式还是通过中国进出口商品交易会（广交会）、华东进出口商品交易会（华交会）及境外的行业展会，直面买家，沟通和探讨需求，寻求合作可能。

进入二十一世纪后，电子商务逐渐兴起，大家从不信任、不认可它，对它嗤之以鼻，到逐渐接受和理解，一直演变到如今它跟线下展会平分秋色的阶段。

再后来，电商B2B[①]变成了外贸行业的主流，大家从业的时候往往都会问

---

① B2B：business to business 的简写，表示"企业对企业的电子商务模式"。

一句，你公司投的平台是阿里巴巴还是中国制造网？甚至很多毕业生入行找工作都会询问企业，贵公司开通了什么电商平台？平台这个词，逐渐变得深入人心。

或许那个时候，大家开始相信互联网的力量，相信电子商务能改变世界，相信无纸化办公会变成现实，相信互联网可以打通全球的生意，缩短一切交易减少中间利润，让点对点和端对端的贸易模式得以实现。

可没等我们反应过来，电子商务的格局已然发生了变化，B2C[①]的模式开始出现，越来越多的企业进入了跨境电商领域，传统的B2B仿佛碰到了增长瓶颈。大家开始犹豫和纠结，公司的发展方向究竟应该选择B端还是C端？还是说，B端和C端一起做，分两个部门？

在犹豫和纠结的过程中，商业模式再次出现剧烈变化，社交软件大行其道，新的营销思路层出不穷，海外仓和一件代发模式业务量增长迅速，外贸再次进入多元化的点状分布阶段，已经很难找到"一招鲜，吃遍天"的方式了。

该继续投入展会？

该大力发展电商平台？

该试水地推模式？

该发力社交媒体？

该尝试直播带货？

该回归传统销售？

……

好像很多年前那般，我们又一次站在了十字路口，面临下一个选择。如今的情况更加错综复杂，稍一不慎，或许就错过了机会，拉开的差距可能再难追上。外贸人又该何去何从？

或许大公司没有这样的困扰，各种电商平台，可以做；各种社交渠道，可以上；传统展会模式，继续做；跨境电商试水，做做看。因为有足够的人

---

① B2C：business to customer，表示"企业对消费者的电子商务模式"。

力、物力、财力，预算充足，团队专业，无非就是增加新部门的问题，没有什么大不了的。

可作为小微企业的外贸SOHO呢？在无法扩张的前提下，我们如何做好收缩？如何把有限的资源集中起来，而不是分散投资？这就是一个必须深度思考的问题，需要我们去架构O&O的一体化思维来面对如今的"后外贸时代"。

02. O&O的解析与梳理

过去我们对于O&O[①]的理解，可能是图5-1这样的。

图5-1 过去接触买手的线上和线下模式

基本上，线上模式仅仅指的是B2B的平台，比如我们熟知的Globalsources（环球资源）、Alibaba（阿里巴巴）、HKTDC（香港贸易发展局）、Made-in-China（中国制造网），以及一些海外的相关网站等。

而许多海外的B2B电商平台今天已不复存在，成了外贸历史中的一页。

而线下部分则是以展会为主，包括广交会、香港展会、华交会以及其他

---

① O&O：是 online and offline 的缩写，表示"线上和线下"。

的国内外的行业展和综合性展会。

这是过去我们对于O&O的基本认知。

可是如今情况不同了，大家的认知也随着外贸行业的发展而更新迭代，变成了图5-2的样子。

图5-2　如今我们对于O&O的理解

线上和线下都变得多元化，而不是过去的B2B和展会就可以简单代表的。

所以，在如今的情况下，外贸人需要的是O&O的一体化思维，把线上和线下部分融为一体，多维度去开展自己的外贸工作，而不是割裂成一块一块，然后还挑肥拣瘦，这就不合适了。

虽然传统的展会模式不会消亡，过去的B2B模式也不会被轻易替代，但我们不可否认，新的渠道在出现和兴起，甚至呈现出迅猛的增长态势。

因此，我们必须保持敏锐的嗅觉，两手都要抓，两手都要硬。

---

① SNS：Social Network Software 的首字母缩写，表示"社交软件"。

5.2　展会时代和电商时代的差异化打法

01. 十年前的经验，如今或许只有三成价值

这里，我需要特别请老外贸人思考一个问题："你如今的工作方式跟五年前甚至十年前相比，有没有进步？"

千万不要说，我有十几年经验，我吃的盐比新人吃的米还多。

千万不要说，我在外贸行业摸爬滚打十几年，人脉资源无比丰富。

千万不要说，我对于这类产品是行家，我一直专注于它，做了十来年了。

千万不要说，想当年我如何如何，有多少了不起的成就。

要知道，时代在变，好汉不提当年勇。因为当年的好汉或许只适合于那个时代，适合于那个阶段，未必能在当下继续创造传奇故事。

"冯唐易老，李广难封。"再了不起的人都经不起岁月的洗礼。

我说一句不中听的话："十年前的经验，如今或许只有三成价值。"

这不是危言耸听，也不是瞧不起老外贸人，要怪就怪这个世界变化太快、进步太快，一个不留神，我们就会被狠狠地甩在后面。

十年前，或许开发信的成功率还挺高，是低成本甚至无成本开发的一个重要途径。可如今呢？当年若有10%的成功率，如今或许1%都不会有。

十年前，我们去参展，一场展会下来收到的名片可以钉满好几本本子，每个业务员都能分到不少。可如今呢？你可以试试，名片总额或许不到过去的1/10，而且一大半还是无效名片。

因为时代变了，客户的要求越来越高，行业的竞争越来越激烈，市场的变化越来越快，这对于所有的供应商都是不小的挑战。

过去是电商的初级阶段，还是一个萌芽期，有不少的红利可以享受。那时候，哪怕你谈判能力弱一点，哪怕你英文水平低一点，哪怕你邮件写得惨不忍睹，都不要紧，遍地都是机会，只要稍微勤奋一点，总能有所收获。

如今就不同了，充分竞争的环境下只有"人无我有，人有我优"才有可能从别人嘴里夺食。你做不到的，你的同行做到了，自然从你这里抢走了客户资源。你可以做到，但你的同行做得更好，你同样会在竞争中落败。

所以，越是老业务员，就越要谦虚谨慎，不要抱着过去的观点和方法不放，要从思维定势中跳脱出来，去理解和适应如今的外贸环境，向年轻一代学习，去接受更多的新事物和新方法，我们才有可能延续外贸生涯。

02. 展会时代的PC[①]打法

我们要明确一点，如今的电商时代其实完全有别于过去的传统展会，采用的思路和手法是完全不一样的。先来分析一下展会时代的PC打法吧。

过去在展会，我们都是布置好展位、陈列好产品，等待客户路过的时候发现，然后走进来看产品，并且跟我们沟通。这个做法如果做简单的拆解，可以简单理解为"等待客户上门"。

若是列一个公式，就是：陈列+发现+需求探讨。

我们把产品在一个展位里展示出来，路过的客户自然会发现，对口的客户自然会被吸引进来看。进来以后，客户对某些产品有兴趣，就会谈细节，就会了解价格和相关内容，这就是需求探讨，一环扣一环。

展会的特点是直面潜在客户，有面对面的真实感。客户可以当场看到东西，可以通过触觉和视觉来判断产品品质，来对比和了解价格，顺便通过跟供应商的简单沟通来解决一些疑问，增加一些互信，从而简单判断，产品质量和价格是否在自己的心理预期内，后续有没有跟进的必要。

对于业务员，同样可以通过跟客户的接触和沟通来了解对方的需求，大致的购买预期和偏好，从而为后面的跟进埋下伏笔。

比如说，客户对哪几款产品感兴趣？

比如说，客户针对哪几款产品询价？

[①] PC：是 Products 和 Communication 的首字母缩写，表示"产品和沟通"。

比如说，简单报价后，客户的表情如何？

比如说，哪些地方需要做改进，然后给客户详细报价？

比如说，是否要立刻准备和安排样品？

比如说，客户的公司情况和角色是什么？

比如说，有没有必要在展会期间再约见一次？

通过面对面的接触、简单的沟通、巧妙的开放式提问，以及你来我往的试探和过招，我们逐渐掌握了一些信息，然后做出相应的总结。

若是用图来表示，展会期间的生意开发，就是图5-3所示的这样。

Business Development Via Trade Shows

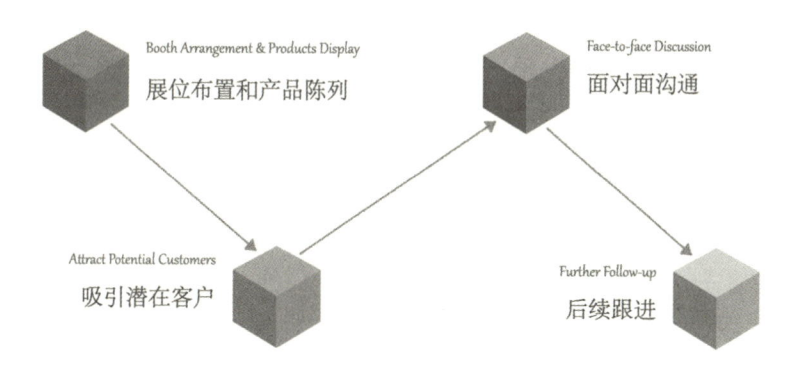

图5-3 展会的客户开发逻辑

这一套流程和打法的大前提是客户能够见到你，见到你的产品，见到你的展位。也就是说，这所有的一切都是精心设计的。展会的风格和主题需要事先设计；参展的样品和陈列需要事先设计；参展的人员和安排需要事先设计；具体的营销和展示需要事先设计；样本和名片的内容需要事先设计……

也许跟客户见面时谈论的事情无法预测，貌似全依靠临场发挥，但是大多数的主题，包括产品的细节和要求、包装的材质、价格的拆解、成本的构成、测试要求等，事前都做过相应的推演。

在这个过程中陈列的产品是核心。业务员的专业和沟通能力是关键。

二者合一，"Products（产品）+ Communication（沟通）"是展会上开发客户的基本战略，也是展会时代的PC打法。

03. 电商时代的CP[①]打法

电子商务逐渐兴起后展会并没有完全退居二线，依然活跃在我们外贸行业的第一线，这是事实。但不可否认和回避的一个问题则是电商的比重开始逐渐增加，跟传统展会两分天下。

我们前面提到过展会的开发有特定的PC打法，通过"Products（产品）的展示和Communication（沟通）"的预案，从而达到直面客户，加深客户印象，直接沟通和探讨需求的目的，并且通过后期的跟进来完成临门一脚，转化部分客户和订单。

这一套，在电商时代还有效吗？效果一定会有，但是大概率会远远弱于线下展会。

原因很简单，同样的东西，或者类似的东西，网上有很多，客户有大量的比较和筛选的可能性。

---

① CP：是Copywriting和Photos的首字母缩写，表示"文案和图片"。

案例 5-1

没有外卖的时代，买西瓜的决策

我们假设一下，在没有外卖的时候，你突然想吃西瓜，怎么办呢？也许你会走出小区，到门口的某家水果店购买，也有可能开车去远一点的超市购买，顺便买点食品和日用品回来。

也就是说，左右你购买决策的仅仅是几个选项而已。小区附近的几家水果店，以及附近的一家超市。你会从中选择一个选项来完成购买的动作。

假如你懒得走远，也没有什么其他需要去超市买的东西，你仅仅会考虑在门口的水果店买西瓜回去。那小区附近有三家水果店，你会去哪一家呢？

一般而言，你的首选就是你自己印象最好且平时主要光顾的那一家。不管是这家的水果比较新鲜、品种比较多、店里比较干净，价格比较合适，还是老板娘比较漂亮，都有可能影响你的决策。

当然也有小概率事件，就是你突然想换家店买，那家店虽然没什么特别，没有让你非常满意的地方，但你今天就是想光顾。这也不是不可能，只是这种情况出现的概率比较低。

只是买西瓜这么一件很小的事情，用文字写出来，或许就变成了好几个段落，如果展开继续论证分析，那还会更加复杂。

通过这个案例我只是想简单说明一个道理，如果没有电商，没有外卖平台，你买西瓜会有自己的偏好，会在你接触的几家卖家中选择一家。

可如今情况变了，时代进步了，科技进步了，开始出现点餐的外卖平台，事情会变得如何呢？你还会去门口那家印象不错的水果店吗？那就未必了，会多了不少变数。

譬如以下几种可能性，或许就会发生：

*随便打开一个软件搜索，发现有个商家供应上海崇明的西瓜，价格也很合适，楼下水果店只有本地的麒麟瓜，你有点吃厌了，可以换换口味。

*发现有家新店开业，在网上下单可以享受"满50减30"的优惠，而且免配送费，好便宜，可以选这家的西瓜尝尝看。

*还有一家店好像很高级的样子，他们家好多高端水果，还有一些很特别的品种，你都没吃过。别的不说，西瓜就有九款不同的品种，好诱人。

*五公里外那家高档超市居然搞活动，网上下单，西瓜买一送一，然后满100再减20！天哪，这家超市一直都很贵，从来不打折，现在居然活动力度这么大。

*突然想吃黄色瓤的西瓜了，楼下的水果店前几天刚去过只有红色瓤的，网上订个黄色的尝尝吧。

*懒得下楼出门，天太热了，还是手机下单算了，给我全部切成块装一盒送上门，可以直接吃。

这时候，客户对于商家的选择就不是门口的几家水果店和几公里外的某家超市，而是扩大到了方圆几公里内的所有水果店和超市，它们都有可能成为客户选择和下单的对象。

所以，展会的模式注定了客户只能在一个特定的时间内，接触到一部分特定的供应商，这个数量很有限。而电子商务的出现，让客户可以打破时间的限制，在任何时候轻而易举地找到成百上千家供应商。反之，从供应商角度而言同样是这个道理。

这就是图5-4所示的情况。

图5-4 传统展会VS电子商务

可见，在电子商务时代用传统外贸的打法肯定是不行的，必须转换思路。当拆解了这背后的模型后，我们开始发现，互联网的优势是客户可以同时搜索和找到海量供应商、无数类似的产品，我们如何争取机会、如何让客户关注我们，愿意联系我们，或者给我们询盘呢？

无他，就是一个中心思想：抓住客户的眼球，让客户对我们哪怕有些许兴趣和好感。

电子商务跟传统展会不同，客户根本没有见过我们，也没有当面沟通过，更没有看到实际的产品，没有上手摸过，怎么办呢？

那在无数的同质化商品中，我们的产品如何脱颖而出呢？不同于传统展会的PC打法，电商时代有另一套CP打法，是"Copywriting和Photos"的组合，就是"文案加图片"。

总而言之，好的图片是成功的一半，再配上好的文案，那就成功了一大半。这时候，我们收到询盘的概率或许就远超过同行，这就是电子商务的魅力。小公司或者产品普通的中型公司，如果能拍出精美的图片，再有一手绝妙的文案，或许就有逆袭的可能。

可以简单看一个案例，图5-5是我非常喜欢的一个美国家具品牌

Restoration的官网，我曾经也是他们的供应商之一。

图5-5　美国家具品牌Restoration官网（来源：https://rh.com）

我们看它的官网，从产品分类到字体到格局再到呈现出来的大图，都是经典中的经典，一眼就能抓住消费者的心，觉得这家公司档次高，觉得图片很美观，产品看起来很高级，会有兴趣了解更多内容。

不要小看产品分类，这看似简单事实上是个大难题！做得不好就容易落入俗套，会让消费者觉得很土、很沉闷。所以产品分类怎么分，包括具体的用词和创意，不仅涉及专业，还涉及创意，这同样属于文案的范畴。

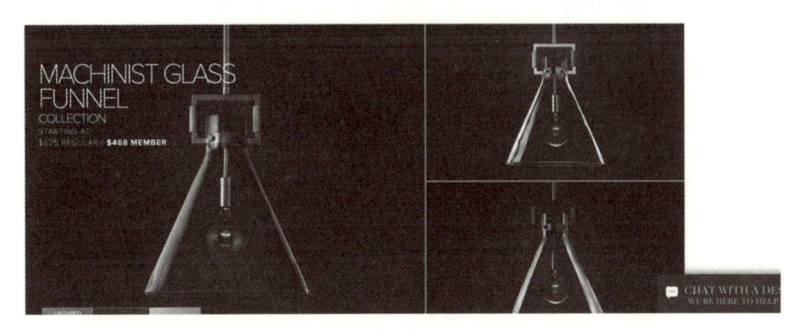

图5-6　Restoration的文案和图片（来源：http://suo.im/6uK5Vk[①]）

Restoration的文案很有水平，如图5-6所示，页面最上面用的词是Galleries，有"设计廊"的味道，就比普通的Shops（商店）要高级许多。后面的用词是inspiring spaces，突出"灵感"和"空间"，整体的境界大大提升。

这一款产品的命名是machinist glass funnel（机械感的玻璃漏斗），把金属元素和玻璃元素相结合。下面的collection突出了产品是一个系列，而不是单独的一款。

然后定价是starting at $625 regular，表示常规销售价625美元起，后面还特别备注了$468 member（会员价468美元），大家就会很好奇，会员可以便宜那么多，或许就有兴趣了解一下如何加入会员，有什么要求，需不需要付费。

这么简单的文案，其实内含了好多元素和营销、策划、定价的技巧，背后实在有不少的学问，值得我们学习。

---

① 因Restoration官网的原链接显示过长，所以这里通过软件生成了短链接，方便大家浏览和查阅。

而图片部分，因为玻璃是透明的，所以为了拍出质感，用了黑色底的背景，而不是大多数商家选用的白色底，视觉冲击力和反差效果会更强烈，更加有质感。

所以，在电商时代，我们要学会转变思维，客户通过网络找到我们，第一印象不是我们的公司是什么样的，这是后续跟进和谈判的事情。最初客户对我们的印象，就是我们的文案和图片是否优秀。

Copywriting（文案）和Photos（图片）永远是电商时代的重中之重！要做好开发，要持续引流，要让询盘源源不断。请注意，从这里好好下功夫，好好打磨。

5.3 抢夺 B2B 流量的元凶

01. B2B的流量来源

很多从业多年的外贸人或许会发现，在2010年以前甚至2008年以前，B2B是获取客户询盘和接触潜在客户的一个优质渠道。

那个时候，竞争还没有如今这么激烈，各种复杂的玩法尚未出现，我们只需要在B2B电商平台上传点产品图片，随便写一点描述，就会有各种询盘进来。

在那个躺着就能做外贸的年代，根本不需要多么高大上的图片，也不需要多么用心去钻研文案。只要图片数量尽可能多一些，将各种关键词翻来覆去写，配上哪怕和竞争者一模一样的图片都不要紧，自然有客户来问，慢慢跟进和谈判就行。

别说付费的B2B网站了，免费的B2B网站也有很多，多注册几个账号，上传一堆产品图片，随便写点描述，基本上等着收询盘就行。可如今随着付费会员的增加，免费账号的曝光率变得很低，产品显示在很多页以后，效果开始下滑。

记得2005年时，我还是刚入行的新手，我都能通过阿里巴巴轻而易举地开发不少客户，其中第一个大客户的第一个订单，就是1 143 000美元，我至今都记得清清楚楚。

可好景不长，没过几年，B2B的付费会员出现井喷式增长，早期的红利不断下降，开发客户变得越来越困难，即使投入不少费用购买各种关键词、排名、广告等都有可能血本无归。

我们首先要明确一个逻辑，就是大多数B2B平台的客户究竟是哪里来的？为什么每天会有各种各样的询盘？

其实并不是大家想的，客户有什么需要就来B2B网站上看看，然后搜索一下供应商，有针对性地发询盘。B2B平台的客户来源主要是以下三类。

搜索引擎

这是最主要的客户来源，因为大部分的客户可能并不知道Alibaba（阿里巴巴）、Made-in-China（中国制造网）、Globalsources（环球资源）、HKTDC（香港贸易发展局）等B2B平台。又或者知道，但是在使用的时候未必就能第一时间想起来。

许多客户采用的是搜索引擎。通过Google（谷歌）、Bing（必应）、Yahoo（雅虎）等国外常用的搜索引擎，有针对性地搜索关键词。

只是很多B2B企业在网上的SEO[①]做得很好，有技术团队做优化，可以让平台产品信息在搜索引擎上显示的位置比较靠前，容易被客户看到。这些B2B平台的确包罗万象，有海量的供应商和产品资料，所以本身就有很大的可能被客户看到。

社交软件

根据部分国外智库的调查，过去B2B的巨大流量如今大约有一半被社交软件分流，这就造成了B2B电商平台的业务量增长缓慢，再加上供应商迅速增加、行业逐渐饱和，流量就变得不够分了，怎么办呢？

---

① SEO：Search Engine Optimization 的首字母缩写，表示"搜索引擎优化"。

这些B2B平台背后的企业同样发现了这个趋势，于是果断选择参与进去。通过内容营销、内容分享来打造自身的社交账号，同时通过一系列宣传和活动给自己的平台引流。

印度的Delhi School of Internet Market做过统计，大约有83%的B2B平台通过各种社交软件扩散和引流，甚至每家公司平均有六个社交软件账号。[①]

广告投放

除了搜索引擎的优化，以及各类社交软件的内容营销和扩散外，还有一个必须去做的渠道就是传统意义上的"广告投放"。

B2B电商公司基本采用的都是O&O的做法，线上线下同步进行。

线上部分包括对于Google的广告投放，对于社交软件和一些相关网站的广告投放，一些特定媒体和博客的广告投放，一些论坛的广告投放等。

至于线下则有赞助各类活动，在一些大型场所投放广告，以及在世界各地的展会和行业高峰论坛等投放广告。

02. 抢夺B2B流量的元凶

抢夺B2B流量的元凶，其实不是别人，就是社交媒体，这是时代的变革所造成的必然现象。

B2B平台最初的设定并不是给个人买东西的，而是business to business，商家对商家。所以表面上，社交软件兴起貌似不会对它的生意有什么影响和冲击。

可事实上，大家都明白，社交元素是交易中很难回避的一个因素。比如在国内，微博和微信的出现或许并不会直接影响批发商的采购。但是在社交平台中大家讨论的内容、客户的兴趣和偏好都会影响到生产商，也会影响到渠道商。

我们假设一下，譬如我在小区门口开了一家小超市，某一天我觉得粮油

[①] 数据来源：Delhi School of Internet Market，www.dsim.in。

米面的品种比较少，应该稍微补充一些新品。我刚准备去批发商那里进货，突然我在微信朋友圈里发现一位朋友晒出照片，说广东的某款米粉特别好吃，并配上了精美的图片和文案，十分诱人。

我联系她问了一下，得知米粉的价格也很便宜，也许我会果断决定买一点自己尝尝，又或者少进一点货卖卖看。

所以，社交软件的存在其实左右了我的偏好，把我连接到了平时或许根本接触不到的圈子，以及别人的生活。

而互联网时代，我们通过这些SNS可以接触到各种美食，各种新奇的产品，可以借此了解别人喜欢什么，别人在玩什么，别人关注什么，别人讨厌什么。

很多客户也会通过社交媒体去接触更多的产品和供应商，去了解各种新奇的产品和一些细分领域的变化。除此之外，一些专家和业内人士的评论，也是大家关注的要点。

这就把许多人的吸引力和注意力从传统的B2B平台，逐渐转移到各种社交软件上。虽然这不是全部，但是市场的容量和蛋糕就这么大，一边增长快，就注定了另一边的增长缓慢，这是不争的事实。

所以抢夺B2B流量的元凶是什么？就是社交软件。

那我们这些初创的外贸企业该怎么办呢？自然是多元化，不能紧紧抱着B2B平台不放，也不能完全依赖传统的展会，更加不可能除了独立站外没有任何推广渠道。必须多管齐下，多维度展示和曝光自己的产品和服务。

既然社交软件如此重要，我们当然不能放过SNS全网营销的机会。这些工作迫在眉睫，不能耽搁。因为这就是如今的热点，代表了互联网的发展趋势。

商业元素，一旦结合了社交属性，潜在客户的流量池就有了扩张的可能。

5.4　SNS 全网营销

上一节我们提到了在电商时代社交软件是抢夺流量的元凶，我们无法忽视SNS作为营销媒介的重要性。

英国牛津布鲁克斯大学博士、高级研究员Miriam J. Johnson女士专门针对社交软件的发展历程，以图文的形式给了详细而准确的描述。

我们先来看一张她精心制作的图5-7所示的这张图。

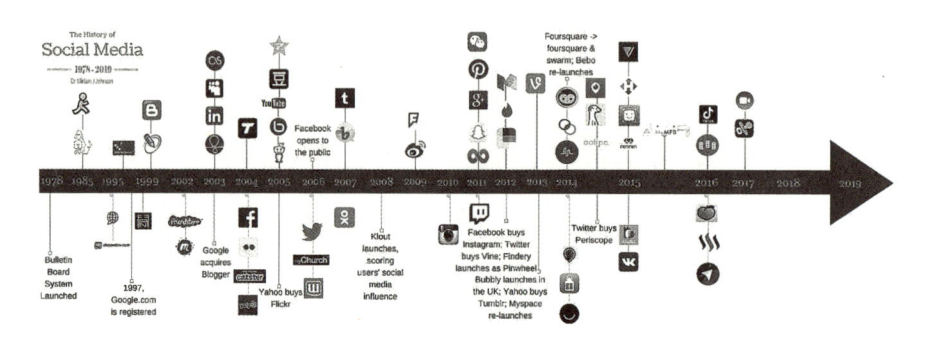

图5-7　社交软件的发展历程

（来源：https://www.booksaresocial.com/social-media-timeline-201./）

2003年，Linkedin（领英）出现，是全球知名的职场社交平台。

2004年，Facebook（脸书）出现，是个人社交的网络平台。

2005年，YouTube（油管）出现，是影片和短片分享的平台。

2006年，Twitter（推特）出现，是首个定位为微型博客的社交平台。

2010年，Instagram（照片墙）出现，是一款照片创作和分享的平台。

2011年，Pinterest（拼趣）出现，是图片分享与展示的平台。

这是目前国际上最主流的六大社交媒体服务平台，逐渐从个人使用转向个人使用和商业使用并存。一方面大家可以通过这些软件来建立个人品牌，它也是明星和专业人士对外展示和宣传的平台；另一方面大家也可以通过这些社交平台植入生意和广告，提供服务，销售产品等。

利用社交软件营销是一件非常专业的事情，并不是注册几个账户就能解决问题的。譬如你的公司是一家卖马克杯的中国工厂，你如何在YouTube上销售呢？

也许，你可以注册一个账号，然后拍摄各种小视频，展示马克杯生产和制作的工艺流程，再配上字幕，或许你就会得到不少的点击和关注。如果再采用"回勾一手"的营销策略，在视频中留一个尾巴，点赞和关注可以得到免费的骨瓷和生产工艺的电子书，就做出了一个巧妙的引导。

如果用的是Instagram，那就要用另一种方式。可能突出的是产品的设计和图案，然后用一个特别精美的古瓷马克杯，冲上一杯咖啡，配上下午茶，加上几句精美的文案，就可以营造出"岁月静好"的氛围和感觉。这就有点类似于中国的"微博"和"小红书"，需要有一个定位，然后针对自己想要打造的形象，全方位输出和分享内容，从而营造人设。

美国著名的家装建材超市Menards[①]是我曾经的一个重要客户。我们访问Menards官网（如图5-8所示）就能发现，社交软件部分十分重要。

图5-8　美国家装建材超市Menards官网（https://www.menards.com）

---

① Menards：美国第三大家居建材超市，仅次于Home Depot（家得宝）和Lowes（劳氏）。

页面下方的五个图标从左到右分别是Facebook，Twitter，Instagram，Pinterest和YouTube，这五个社交软件在美国乃至全球都家喻户晓、使用量非常大。

做全网营销必须从多渠道同时渗透和发力，平时主动维护好这些社交媒体，全方位展示公司的产品特点和相关软实力，甚至提供一些相关的科普性文章和视频，日渐积累或许才在某一刻发生质变。

要通过SOHO创业，在前期资金偏紧的情况下，无法大量地投入资金到展会、独立站、搜索引擎优化、B2B付费平台这些烧钱的渠道，那不妨试试社交软件营销，多沉淀一些内容，打造某个细分领域的个人品牌，或许结果会变得不一样。

这条路未必适合所有创业者，大家还是要根据自身的情况来判断，自己是不是有足够多的时间可以用来积累和沉淀，学习和试错。

渠道多样化后往往可以对接到更多和更复杂的客户，这必然是一件好事，我们不能随意放弃。

5.5 海关数据的 DGL[①] 组合拳

01. 海关数据的使用

海关数据的使用有利也有弊。如果你去网上查询，会发现有许多正面叫好的人，也有不少抱怨的人。我们要如何理解，如何筛选呢？

从我个人角度而言，我相信存在即是合理的，我也相信任何工具都有它本身的价值。只是在工具的使用上，每个人的使用方法不同，评判标准不同，期望值不同，所以带来的结果有不小的差异。

我们先通过以下三个问题做一个简单的分析。

---

① DGL：Data（海关数据）、Google（谷歌）和 Linkedin（领英）。

海关数据究竟能查到什么

简而言之，海关数据可以查到你的产品的采购商、同行情况、采购量和出货量、提单信息、航运信息、集装箱信息等重要资料。

譬如一个美国客户某一类产品的供应商有哪些，在每家采购了多少货，我们都可以通过海关数据的查询和比对有一个相对直观的了解。对于有针对性地开发潜在客户，开发同行的客户，海关数据真的是一把利器，十分高效且精准。

假设我们是中国的某家贸易公司，出口的产品是Power Bank（充电宝），主要目标市场是美国。如果我想了解一下美国有哪些客户在采购充电宝，他们主要向谁采购，这就可以通过海关数据做一个基本的关键词搜索，在设定了查询区域为"美国"后，得到结果如图5-9所示。

图5-9　美国客户采购充电宝的海关数据

（来源：http://data.imiker.com/all_search/des/buy/all/power%20bank）

我们可以找到1952家采购商跟充电宝这类产品有关。虽然很多公司的采购信息不会显示出来，但如今这个结果，已经给了我充分的机会去一一查询和搜索客户的联系方式，然后有针对性地开发。

当然，客户现有的供应商也必然是我们研究和分析的对象。比如图5-9中的第一位客户，RFA BRANDS LLC，我们可以进一步查询他的供应商究竟有哪些，查询结果如图5-10所示。

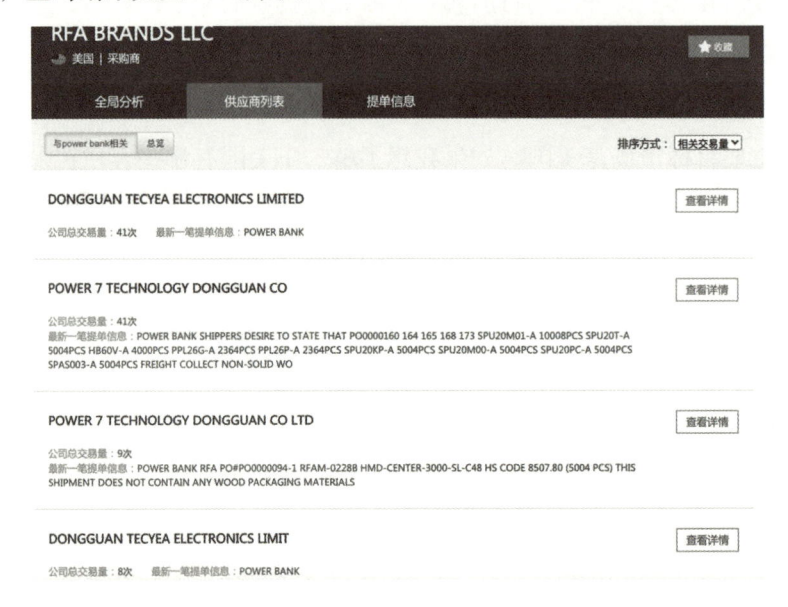

图5-10　美国客户RFA BRANDS LLC的供应商

（来源：http://data.imiker.com/company/des/buy/RFA+BRANDS+LLC/power%20bank）

对于每一个供应商具体的订单信息和提单信息，我们还可以进一步分门别类去查询，深入地挖掘，给我们的调研工作提供真实的数据支持。因为篇幅关系，这里就点到为止，不再继续展开。

为什么很多客户查不到数据

一般情况下，查不到对应客户的海关数据有三种可能性存在。

可能性一：有些国家或地区没有开放海关数据，所以没法查到。

可能性二：有些客户不想泄漏采购详情，也不想让别人知道相关的采购信息，于是在允许的范围内，要求当地海关保密，选择不公开相关数据和信息。

可能性三：还有一部分客户，不想让同行了解自己的采购情况，不想暴露自己的供应商，往往会委托第三方作为受益人，把自己的信息藏在幕后。这就是为什么我们通过海关数据查到的客户经常是一些船公司和货代。

为什么海关数据看不到客户的联系方式

事实上，海关数据本身的确只有客户的公司名，或者是代理的公司名，只体现了货物的相关信息、毛净重、具体数量、海关编码、起运港、目的港等，一般情况下是不体现客户的联系方式，主要联系人和邮箱的。

如果你使用的海关数据可以查到客户的联系人和邮箱等信息，往往是通过多方数据比较，通过人工搜索和比对后，总结出来的数据。有些销售数据的公司，把这称为"聚合搜索"，其实就是赋予了它一个高级的词汇而已。数据还是那些数据，无非就是多做了一些工作，搜索了相关企业的联系人和联系方式，进行了人工添加而已。

02. 用好DGL组合拳

海关数据的使用不能是单独和割裂的，而是要跟其他工具结合，从而发挥最大的作用。如前面所说，海关数据本身是没有客户联系方式的，基本上无法找到对应的客户邮箱或电话。

所以我们要做的是打一整套的DGL组合拳，这样效果会变得十分显著。这里的DGL是Data（海关数据）、Google（谷歌）和Linkedin（领英）的综合使用。

先通过海关数据做基本的查询，定位到准备开发的潜在客户。然后，通过谷歌，搜索客户的官网，以及其他相关信息，做基本的背景调查。最后，

通过领英，联系到真正对口的联系人，通过站内信或其他方式精准开发。

这就是海关数据的DGL组合拳。我们可以简单看一个案例。

我们继续尝试在海关数据查询Power Bank这个关键词，把搜索范围控制在"美国"，如图5-11所示，我们能找到大量的搜索结果。在第一页随便看看，或许就能发现一家公司名是ZAGG INC的采购商。

图5-11 海关数据查询美国充电宝采购商

（来源：http://data.imiker.com/all_search/des/buy/all/solar%20light）

我们可以看到，ZAGG INC这家公司应该是对口的充电宝买家，因为它最近一段时间就有整整200张货运订单都有Power Bank这个关键词的存在。

更何况，公司的总交易量高达3363次，说明这不是一个新成立的公司，一定有相应的生意和渠道，而且订单量还比较可观。

这家公司最常用的供应商，是东莞的一家公司，叫Dongguan Jex Industrial Co. Ltd.。我们通过搜索引擎就能查到它，这家公司的中文名是"东莞捷尔信实业有限公司"，做的就是充电宝和其他电子类的手机周边产品，完全对口！

那我们既然做充电宝，ZAGG INC.这家公司自然就可以开发一下了。继

第五章 销售渠道的系统化梳理

续通过Google搜索，我们可以很轻易地找到ZAGG INC.的官方网站，点击网页中的Contact Us（联系我们）页面后，我们可以看到图5-12的情形。

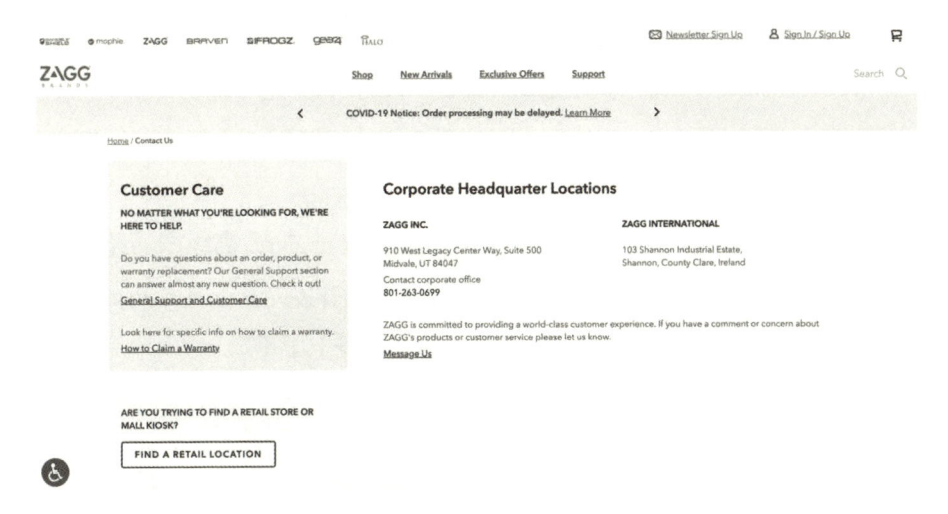

图5-12 ZAGG INC的官网

（来源：https://www.zagg.com/en_us/contact-us）

很可惜，我们在页面上找不到邮箱，仅仅有一个地址和一个公共电话，也看不到谁是采购方面的负责人或者联系人。

对精准开发而言，这些信息是远远不够的，需要深入挖掘，必须找到更有价值的信息。

起码我们在开发的过程中要知道对方的联系人是谁，叫什么名字，是什么职位，这样不管写邮件也好，打电话也好，都有针对性。不管直接写给这个人，还是找他的同事或者客服转接都很自信且坦然。

下一步，我们就需要通过领英继续搜索这家公司的相关人士的简历，一一看过去，找出究竟谁是买手或者采购主管。

一旦找到了对应的人，那就成功了一大半，只需要再找到联系方式，就大功告成，可以正式开展我们的开发工作了。

搜索后，我发现这家公司的很多人都在领英上有自己的简历，经过简单的研究和比较，我发现有五个联系人最有可能成为合作伙伴。

第一个是Mary Tross，职位是Senior Buyer，高级买手。

第二个是Ashley McGill，职位是Account Manager，客户经理。

第三个是Rachel Lee，职位是Global E-commerce，电子商务专员。

第四个是Rachel Ragsdale，职位是Product Development & Design Manager，产品开发与设计经理。

第五个是Ann Barnes，职位是Senior Product Manager，高级产品经理。

根据我的经验判断，Mary Tross会是我的首选开发对象，其简历如图5-13所示。如果没有进展的情况下，我会再从其他人身上下手。

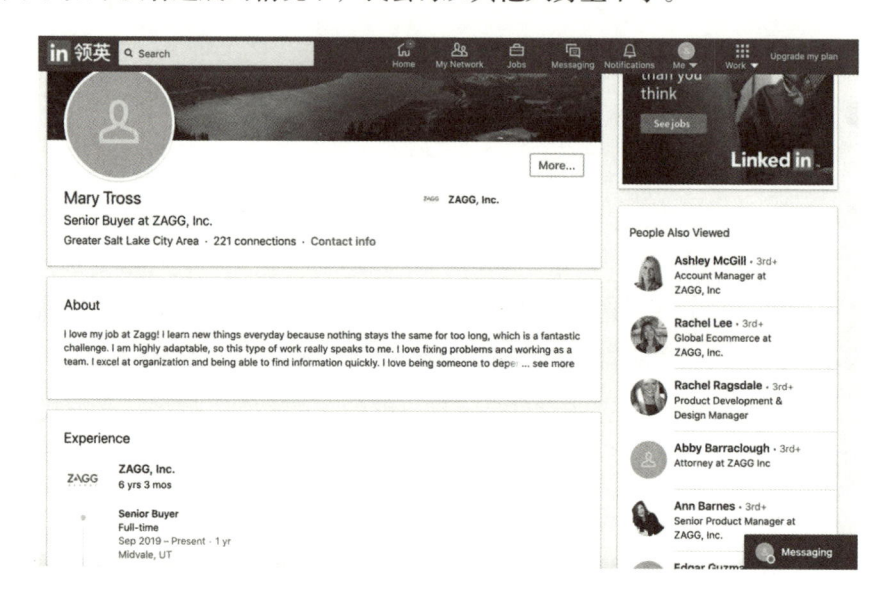

图5-13 Mary Tross的领英简历

（来源：https://www.linkedin.com/in/mary-tross-a01.52b4/）

到了这一步，任务其实已经完成了90%了，我们可以尝试直接添加她为好友，也可以通过私信联系她。如果页面中有她的邮箱，我们要认真写邮件，附上详细的报价单，以及我们想要表达和分析的内容，然后有针对性地做Mail Group（邮件群），这样显得更专业。

既然如此，那就需要用到另一个工具，也就是本书第四章中提到的Hunter这个工具，来尝试找到她的邮箱。

先来到Hunter的搜索页面，如图5-14所示，找到ZAGG这家公司，我们可以看到该公司的邮箱的确以zagg.com作为后缀结尾。但是没有找到Mary Tross的邮箱，说明她的邮箱并没有在官网或其他网站对外公开过，所以没有被收录进去。

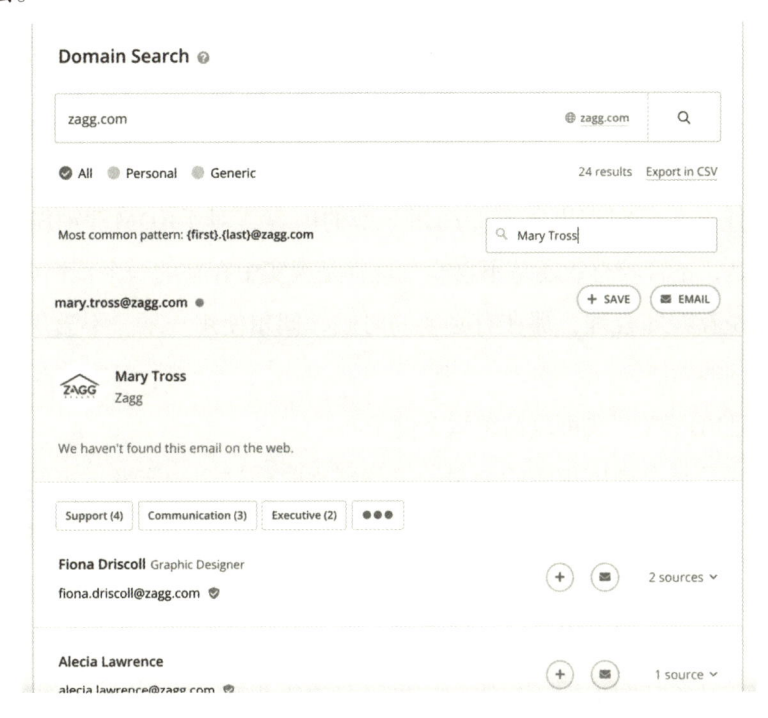

图5-14　用Hunter寻找客户邮箱

（来源：https://hunter.io/search/zagg.com?full_name=Mary%20Tross）

这里就需要通过姓名猜测的方式，根据她公司其他同事的邮箱格式，如都是名在前姓在后，那有很大的可能性，Mary Tross的邮箱也是遵循这个规律。

我尝试在对话框输入Mary Tross，得出的邮箱就是mary.tross@zagg.com，旁边的小圆点是绿色的，表示有90%的概率这个邮箱是真实的。

那接下来就进入最后一步，直接联系去开发客户吧！

5.6 EDM[①]渗透式营销

01. EDM营销的特点

其实按照我个人的习惯和风格，我对于EDM营销一直持反对态度。原因很简单，我自始至终认为，客户开发是需要有针对性的。如果随随便便群发邮件，广告推销意味过于明显，会引起客户的反感，甚至直接把你拉进邮件黑名单，这就得不偿失了。

那为什么，我在这里还要专门用一节的内容，对于EDM营销做简单阐述？原因是，不管我喜欢还是不喜欢，这都是现实中存在的一个营销渠道。

如果说存在即合理，那在有必要的时候，偶尔使用一下，不滥用，依然是值得鼓励的。

什么是EDM呢？我可以简单举个例子。

比如我是某个酒店集团的会员，可能经常收到这个酒店发过来的介绍一些活动的邮件和广告。这一类邮件就属于营销式的开发，需要投放给海量的用户，这就是EDM。

例如，酒店第三季度促销，或许就会发一封精美的EDM邮件过来，提醒我接下来是什么样的活动，每次入住可以有多少额外奖励积分，一个季度内达到什么消费标准又有什么礼物等。

又比如针对注册用户的一些信息推送、会员积分变更、新酒店开业、特定市场促销等，可以通过EDM形式发送邮件给大量的会员或潜在客户。

譬如，我比较喜欢香港的文华东方酒店，有多次入住的记录，也留过个人信息，如今疫情下，文华东方酒店就发送了邮件给我，如图5-15所示，这就是典型的EDM邮件，是通过软件发给系统里所有客户和潜在客户的。

[①] EDM：是Email Direct Marketing的首字母缩写，表示"电子邮件营销"。

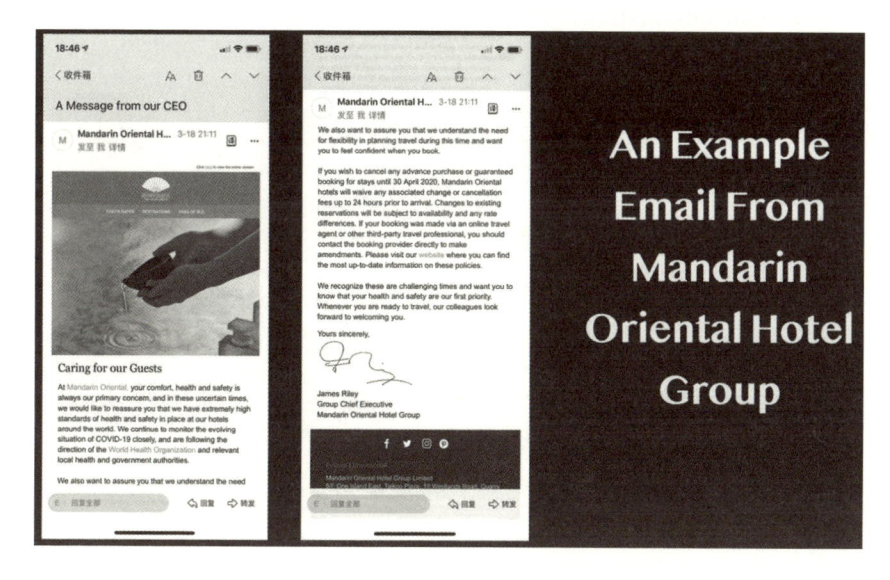

图5-15 文华东方酒店的EDM邮件

这封EDM邮件就是对于顾客的问候，首先强调疫情下酒店会严格按照世界卫生组织和各国政府的要求，做好清洁和消毒工作，保证客户的健康；然后对于客户的预订做一些灵活地调整，譬如已经预订了，在如今的情况下只要在入住的24小时前取消，酒店愿意豁免一切费用，不让顾客蒙受损失。

我用这个做案例是希望告诉大家，好的EDM邮件都是言之有物，有内容，有值得客户关注的点的，并不仅仅是广告推销那么简单。

02. EDM的具体使用

大多数情况下，EDM都是通过软件来实现的，这比一封一封给客户单独发送一对一的邮件要方便许多。我们设想一下，假设你有一款新产品，想推荐给20多个现有客户和2000多个潜在客户，怎么办？

很显然，面对20多个现有客户，你可以有针对性地写邮件，并发给对应的人，具体问题具体探讨。而剩下的2000多个潜在客户，你可以考虑通过EDM的方式来实现内容的迅速渗透。

比如Mailchimp就是我曾经使用过的一款EDM软件，如图5-16所示。

图5-16　EDM软件Mailchimp（来源：https://mailchimp.com/）

需要特别注意的是，EDM邮件一般分为两类，第一类是纯文字电邮，第二类是显示成图片形式的HTML电邮。

根据笔者和许多朋友的尝试，通过EDM软件大量发送的邮件，图片形式的内容更加容易被客户的服务器识别为广告邮件或垃圾邮件，准确传达率明显低于纯文字版本的。

所以，对于外贸人而言，我个人的建议是EDM邮件要以文字为主，简洁明了，先设法让客户打开邮件，后面再逐步跟进，这样的成效会相对好一些。

另外，还需要特别注意的是，在使用EDM的时候，不妨采用gmail之类的免费邮箱，避免用平时常用的企业邮箱来做这种群发的动作。因为一旦被很多用户举报，自己的主邮箱就会被识别成垃圾邮件发送方，这会影响正常的工作和跟现有客户的交流，那就得不偿失了。

外贸创业 1.0
——SOHO 轻资产创业

第三篇

思维篇

第六章
不对称竞争思维

> 时人莫小池中水，浅处无妨有卧龙。
> ——窦庠《醉中赠符载》

6.1 你跟同行有什么不同

01. 差异化必然存在

这个世界上不存在两片一模一样的树叶，也不存在两个一模一样的指纹，同样不存在两个一模一样的人，不存在两家一模一样的公司。

所以一定有差异化，有不同点存在。如果你找不到，说明你没有找到明确的方向，也没有明确的定位，没有找到属于你的细分市场。

而我们最害怕、最沮丧、也最无奈的是什么？就是听到客户说：

"供应商都是差不多的，我只要价格便宜……"

"我不管你用什么好的材料，我的目标价只有你报价的60%……"

"我知道你的东西不错，但是你同行的价格比你的价格便宜20%……"

"你们公司是贸易公司，我只跟工厂合作……"

"请把我的邮件地址从你的联系人里移除……"

听到这些，你是不是会伤心？失落？有一肚子怨气？觉得客户不近人情、难以沟通？

有这些情绪都是对的，其实任何工作都一样，我们都要面对形形色色的客户，面对各种艰难险阻、各种挑战和压力。情绪再糟糕，困难依然存在，它不会因为你的抱怨而减少。

所以，小小失落一下就行了，更多的时间，还是要用来破局，要好好思考和提升自己的优势，要设法构建出差异化的"防火墙"，这才是自己的核心价值所在。

千万不要说，我没有什么特点，我的产品很普通，价格也不好，我也没有特别优质的供应商，只有一个挂着贸易公司名号的皮包公司，我自己都不知道我有什么特点，更不知道接下来该怎么办……

若是这样想，那我奉劝你，不要自己创业了，你完全无法承受和抵抗压力，客户都还没了解你，你们都没深入的沟通，你自己就先打退堂鼓，先放弃了，还能说什么呢？

每个公司的情况不同，每个客户的情况不同，每个客户在不同阶段的选择也不同，你又如何知道自己没什么机会呢？客户也许今天住的是五星级酒店，明天住的是快捷酒店，后天住的是民宿，这很正常，客户的消费行为并非一成不变的。

很多时候，客户的预算是一个区间，客户对于供应商的选择，同样有一个区间，而不是立一个标杆，供应商必须满足全部要求才可以。

也许这家水果店的价格不便宜，但是品种多，老板娘十分热情，颜值又高，很多客户会为此趋之若鹜。

也许这家酒店很小，硬件设施也一般，但胜在服务好，细节到位，且餐厅可以经营到很晚，同样有很多客户会喜欢。

不同点，不是说产品有什么差异化，而是给客户的整体感觉是不一样的。

最关键的是要让客户看到有价值的差异，而且这个价值要对他有用。譬如专业的差异、服务的差异、效率的差异、一系列软实力的差异。

想想，哪些事情同行做得不够好，我们可以做得更好。

02. 换位思考构建差异化

创业的时候，我们总是把自己的角色定位成创业者或者老板，这会让我们错失和忽略很多东西。为了避免"灯下黑"的情况，我们需要通过换位思考来找到差异化定位的方向，或者说是灵感。

我们可以认真思考一下，当我们做小职员打工的时候，最讨厌老板的什么行为？最讨厌同事的什么行为？最讨厌公司的什么行为？

第一，好不容易开发出一个潜在客户，老板说这个人是骗子，尼日利亚的公司怎么可能有那么大的订单，别理会了。

第二，一个客户谈得挺顺利，结果因为100美元样品费的问题，客户跑了，再也不回我邮件了。

第三，客户要求把30%定金降到25%，但是公司的规定十分死板，寸步不让，没有谈判的余地，客户丢了。

第四，答应好的提成，老板随时反悔，算提成的时候东扣西扣，或者直接说一句，这个订单亏了。

第五，同事的配合度不够，三催四请，一个很基础的报价整整一个礼拜都没有下文，等有结果了客户也失联了。

……

这样的问题有很多，需要抱怨的地方也有很多。可当我们转换了角色，从一个打工者，变成一个管理者乃至领导者的时候，我们会成为自己最讨厌的人？还是说，将这些问题全部列好，然后一条一条去改进？

这样的换位思考，其实每个人都懂，可不代表能够执行起来。"明白"和"做到"是两码事。

差异化的构建，一个核心的要素就是"找到问题并且找到解决办法"。

同行可能歧视小客户和不发达国家的客户，但你要做到一视同仁，给不同客户都提供专业的服务，不戴有色眼镜看人。

同行可能因为纠结样品费，让客户不快。你要学会有基本的预算框架，框架内自己承担，框架外跟客户商量分摊。

同行可能规矩死板，各种政策卡得很死。你要能够灵活变通，具体问题具体分析，随时调整谈判方向。

具体的思维变化，请参照图6-1所示，比竞争对手多走一步。

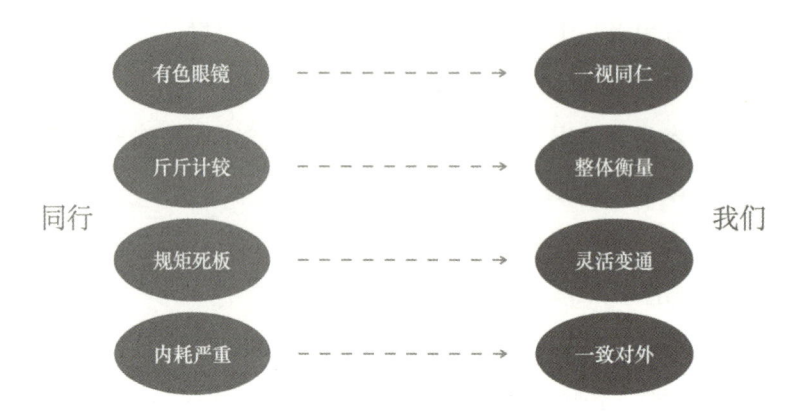

同行　有色眼镜 → 一视同仁　我们
　　　斤斤计较 → 整体衡量
　　　规矩死板 → 灵活变通
　　　内耗严重 → 一致对外

图6-1　比竞争对手多走一步

6.2　在众强环伺中脱颖而出

01. 善于营造不对称竞争

我们必须明白一个现实，初创的外贸企业其实十分脆弱，一定不是长期经营的贸易公司和工厂的对手。

所以在这样的情况下是不适合硬碰硬的，在你还弱小的时候就去打硬仗，很容易输得一败涂地。更何况，大多数的外贸SOHO手中可以打的牌其实很少，可以调动的资源同样很少。

这就意味着，要以弱胜强就需要迂回作战，找到合适的机会，找到适合自己的战场。

比如，大公司可以给客户90天账期，难道我们为了抢订单，在付款方式上硬碰硬，承诺给客户120天吗？这不现实。

比如，别人可以抢机会，以本伤人，我们报什么价格，同行可以再降价5%，难道我们也要跟进打价格战？这同样不现实。

要应对这些正面竞争，我们必须采用迂回战术，巧妙周旋，而不是围绕着别人的优势进行硬拼，这是不可取的。而迂回战术则需要通过具体的谈判策略，通过不对称的竞争来赢得客户的兴趣和信任。请看案例6–1。

案例 6–1

飞轮式谈判营造不对称竞争

客户A：你的产品价格太高了，我目前拿到的报价，比你的便宜15%。

业务主管：您说得太对了，我们从来不会因为价格原因而牺牲品质，所以会在维持品质的基础上，给予客户最好的价格。事实也证明了，我们的次品率严格控制在0.3%以下，到目前为止还没有一次针对产品品质的投诉。

我觉得，您不妨从一个"小订单"或"试订单"开始，我相信事实很快就能证明，我所说的全都是实话。

客户B：30%定金的付款方式我没法接受，你同行可以给我们30天放账，而且不需要任何定金。

业务主管：您说得很有道理。我相信很多同行的确有足够的经济实力，可以通过更好的付款方式来争取客户。我也相信，像您这样优质的客户，也一定有相当多的供应商会给予很优厚的条件。

只是坦白说，我们不是特别大的公司，我们更看重跟客户的深入合作，看重相互间的配合与支持。我们收取定金，有充分的自信能给客户提供最好的产品和服务，我们不会把您的货挪给其他客户，也不会因为订单冲突从而优先安排别家。

客户C：抱歉，我不想跟小公司合作，更不想跟小贸易公司合作。

> 业务主管：是的，我完全同意您的观点。毕竟小公司有各种问题，比如流程不正规，品质把控不规范，资金实力不强等。
>
> 但小公司也有相应的优点，比如我们的管理成本相对较低，客户对我们的重要性远胜于大公司，我们的合作细节可以更加灵活，我们可以接受更小的试订单，我们还可以配合您专门开发新产品。
>
> 更重要的是，我们可以对跟您的合作情况严格保密，也不会把您下单的产品供给其他客户，会全面保障您的利益。

"飞轮式谈判"是我自创的一个词，有别于直来直去的冲撞式谈判，代表了旋转迂回，走曲线来达到目的。

对于客户A，如果我们围绕价格不断谈，未必能找到突破口。这时候，转而强调对于品质的苛求，用量化后的数字来凸显我们的品质管理，再从客户角度着想，建议他从小订单开始，来打消他的疑虑，这就是一环扣一环的飞轮式谈判。

对于客户B，同行可以无定金，可以放账，我们做不到，那就要找其他的切入点。先肯定客户所说的，强调大公司有实力，也吹捧一下客户，接下来就在"自曝其短"的同时，强调客户对于我们这样的小公司的重要性，我们不会有歧视性政策，也不会随意把他的货挪给他人。

对于客户C明确拒绝小公司的前提下，我们不要立刻打退堂鼓，也不要出现任何的针锋相对。要说服客户，不能跟客户对着干，而是继续采用飞轮式谈判法，先肯定对方的观点，分析小公司的各种问题，让大家心理上处于统一战线。然后再引出小公司的一些优点，这就显得更加客观和有说服力。最后的点睛之笔是强调我们如何保障客户的利益，这或许是他会关心的要点。

所以，当面对强大的竞争对手，我们无力正面对抗的时候，就要学会发动"特种战争"，从一些细微处发力，找到自己的特点和优势，逐渐突破和扩大战果。

对于SOHO而言，因为实力的限制，很多时候都需要进行不对称竞争，这是个人成长和企业发展过程中的必经之路。

02. 脱颖而出的背后

在竞争过程中，实力是一方面，更重要的还是思维。要会动脑筋，要能找到差异化所在，要设法凸显自身的特点，而且能被客户注意到。如果实力真的可以决定一切，那这个世界上就不会有SOHO的出现，大公司和中小企业可以垄断所有的外贸生意。

这显然是不可能的。生意做不完，机会到处都有，关键是，所有的机会都是要人来争取的，所有的订单都是要人来谈判的，所有的生意都是要人来沟通的。公司强大只是硬实力强，不代表软实力也可以打败别人。

生意的对象，订单的归属，有太多的机缘巧合，有太多大跌眼镜的结果，也有太多"门不当户不对"的合作。

作为小小的SOHO，在与其他优秀同行的竞争中脱颖而出这看似不可能，可依然有机会，就看你能否找到自身的定位，用更多的个人能力和技巧把一副烂牌打好。

这里，我想用我当年应聘外企的求职经历给大家一些参考，看看一个背景、学历、能力都普普通通的人如何实现逆袭。

案例 6-2

毅冰最初的求职经历

从毕业到工作两三年的这段时间，我无数次投简历给知名外企，但所有简历都石沉大海，从来没有任何回应。想想也对，我一个普通高校毕业的本科学生，没有耀眼的学历光环，没有海外名校背景，而且还在一个不知名的小公司工作，凭什么应聘500强前几名的企业？

只是我心里总有那么点不甘心，觉得"平台决定一切"，如果有机会进入大型外资企业，给我带来的视野和格局一定不一样，能学到的东西和争取到的机会也必然不同。

一次次碰壁后，我反复琢磨和推敲，究竟如何才能引起HR[①]的兴趣，如何才能争取到面试机会。我逐渐发现，只要不是内部推荐或猎头推荐，HR对于任何候选人都是陌生的，谁都不认识谁。那HR唯一的判断标准就是你的应聘邮件和简历，仅此而已。

换言之，简历的写法，具体的内容，表述的方式决定了你能否争取到宝贵的面试机会。而大多数人，其实一开始的方向就错了，就是花很多时间找各种职位和用人单位的联系方式，但没有在简历的撰写上好好下功夫。

试想，你寒窗苦读那么多年，又工作那么多年，这些经历和时间是多么宝贵的东西。可如今，你写简历仅仅是在网上找了个模板，然后随便填一下，这太儿戏了吧！

再说直接一点，你可以在网上找模板，别人也可以，所以写出来的简历一定是同质化严重的。那如果在没有特定的优势和特点的情况下，HR凭什么在无数的竞争简历中，偏偏慧眼识珠，挑中了你来面试呢？

我当时认真推敲过，对于某个职位的要求，除了学历、经历、经验、外企背景、相关行业匹配度等，另外还有两个要点：第一，英文流利，可以适应全英文的工作环境；第二，熟练使用PPT[②]，可以在日常工作中灵活应用。

我就想着，硬性的条件我就是那样了，变不出高学历，也变不出其他外企的工作背景，行业也没什么相关度。我可以做的，只能是在能做的地方尽可能下功夫做到最好，看看能否吸引HR的眼球，给我这个机会。

---

① HR：Human Resource 的首字母缩写，一般习惯性地理解为"人力资源专员"。
② PPT：是微软的办公软件 PowerPoint 的简写，表示"幻灯片"。

第六章 不对称竞争思维

首先，既然公司对ppt的功底有相应的要求，那我索性用ppt来做简历，直接做成展示型的幻灯片文件，让HR一眼就能看出我的功底不错，而且跟其他应聘者不一样，绝对是用心做的。

其次，对于工作经验和内容做量化。因为我的工作经验太单薄，如果像别人那样写，第一份工作的起止时间、职位、工作内容，这太普通了，没有任何吸引力。而且，上一份工作只做了一年就跳槽，这也很难有说服力。我就想着把内容拆解和量化，把每一个要点，做成子弹笔记的样子。我当时是这样写的：

工作17天，提前转正。（公司规定是三个月试用期）

工作33天，独立开展工作，做外贸业务员。

工作42天，拿下第一个客户，订单金额1 143 000美元。

工作59天，开发公司第一个芬兰客户，第一次尝试使用欧元结算。

工作66天，通过自学掌握信用证技能，协助公司老员工审核和处理信用证。

工作95天，第一次独立使用阿里巴巴国际站主账号。

工作119天，参与公司官网制作和内容审核。

工作155天，通过开发信联系香港贸易公司，给德国客户Aldi[①]报价和寄样。

工作192天，独立去工厂验货，去码头仓库监装，学习AQL[②]标准。

工作211天，学习和了解欧盟测试标准。

工作294天，第一次被客户索赔，金额4 200美元，在此基础上完善了SOP[③]。

---

① Aldi：德国最大的连锁超市，中文翻译成"阿尔迪"或"奥乐齐"。

② AQL：是Acceptable Quality Level的首字母缩写组合，表示"可接受的质量标准"，是如今验货行业的主流国际标准之一。

③ SOP：Standard Operating Procedure的首字母缩写组合，表示"标准作业流程"。

> 工作325天，自制的To-do-list[①]和Order Follow-up Sheet[②]被全公司采用和推广。
>
> 通过时间轴，一条一条把要点列举，用幻灯片格式呈现要点，一目了然。而上述所有内容，我都是用英文来写的，这也正好扣题，表示我可以在全英文环境下开展工作，也有优秀的PPT功底。

就这么一份精心制作的简历，没有造假，都是真实的内容，帮我彻底打开了局面，迎来了后面HR的电话，以及整整四小时的笔试加面试。我最后赢得了这份宝贵的工作，彻底改变了我以后的人生轨迹。

所以机会要自己争取，这没错，可关键还是那句话，在我们技不如人的时候，在实力远不如竞争对手的时候，如何让别人另眼相看，如何争取到一点机会？

方法就是，设法营造不对称竞争，开辟全新赛道，让自己脱颖而出，在客户那里刷一波存在感。

怎么刷？结合上述的案例，好好想想如何提炼文案，如何讲一个扣人心弦的故事吧。

6.3 如何让客户记得你

01. 印象深刻背后的逻辑

要让客户对你有印象，你必须有相应的特点。

譬如我们在学校里、在工作中接触过许多人，可我们真的能记住多少？对多少人有深刻印象呢？我们往往需要一些特定的事件，或者相应的故事，

[①] To-do-list：待办事项清单。
[②] Order Follow-up Sheet：订单跟进表。

甚至奇葩的事故，才能对别人留下印象。

换言之，平平无奇是不容易让别人记住的。

我们设想一下，公司另外一个部门新入职一位女同事，颜值特别高，或者身材特别火辣，这种情况下，其实就容易让人留下很深的印象，哪怕你离开公司很多年后，依然会记得这个人。

还有一次我去三亚度假，对某家餐厅的印象特别深刻。那家餐厅本身很普通，海鲜做得还不错，但是三亚当地有太多类似的餐厅了，都有扇贝、生蚝，都挺好吃的，并没有太大的特点。

这家餐厅之所以让我一直记得，是因为他们的文案。他们把纸巾放在红色的纸盒里，在纸盒上面印着一句话："距百年老店只剩96年"。这个标语让我刮目相看，它成了一个标记一样的东西，让我至今都对这家店有印象。

所以我们必须了解让客户产生深刻印象背后的逻辑是什么。如果我们特别特别出色，也许客户会记住；如果我们特别特别糟糕，客户也会对我们有深刻印象，只是这个印象是反面的。如果我们普普通通呢？不是什么了不起的企业，也没有什么让人惊艳的产品，怎么办呢？

那就需要营造一些特点和优势，并且让客户感知到，这就是我理解中的memory point（记忆点），需要通过一些特定的事情来串联。

案例6-3

瑞士寒武纪酒店的大师级营销策略

瑞士有一家精品酒店叫The Cambrian，中文翻译成寒武纪酒店。这个酒店，其实位置非常一般，并没有在Zurich（苏黎世）那样的交通枢纽，也没有在Luzern（卢塞恩）、Interlaken（因特拉肯）、Lausanne（洛桑）

这样的旅游城市,而是坐落于一个名不见经传的小镇,叫Adelboden(阿德尔博登)。

这个地方交通非常不方便,前不着村后不着店,没什么可以逛或者可以玩的,哪怕到了Interlaken,还要翻山越岭开一个半小时车,才能到达这个小镇上。

对于这种先天不足,酒店方可是动足了脑筋,用了一波猛如虎的操作,成功把寒武纪酒店打造成瑞士旅行中的必去之地,高端游客的时尚选择。

2018年的秋季,我在瑞士住了一个月,其中有一周的时间就下榻在Adelboden的寒武纪酒店,他们的大师级营销策略的确让我大开眼界。

第一步,酒店需要找一个让人记住的卖点,于是他们在室外做了一个温泉游泳池。但是游泳池本身不大,怎么办呢?不要紧,他们在灯光和水雾上下功夫,通过对着外面起伏的山峦,再调整好拍摄角度,可以拍出无边泳池的绝佳视角。

第二步,通过社交软件和旅行论坛,通过各路名人和网红的游记,晒出无数绝美的照片,一次次撩拨你的心弦。你看到的照片,往往都是一位长发美女,在皑皑白雪中置身于温泉泳池,一边是大雪纷飞,一边是温泉的舒适,这种视觉冲击力太强了,直接让大家心生向往。

第三步,他们对于酒店内部的餐厅也下了大功夫,厨师水平很高。不管是西餐厅,还是Grill Bar(扒房),从装修到菜品,基本上可以说是无可挑剔。一周住下来,我几乎吃遍了他们菜单上的每道菜,就没找到过不好吃的,这一点非常难得。

第四步,他们居然还有Secret Menu(秘密菜单),以此来加深客人的印象。我第一天晚上在餐厅吃饭时,服务员小伙神秘地跟我说,除了菜单上的菜,他们总厨一早还在森林里采集了新鲜的野生蘑菇,可以用来做意大利面,非常好吃。我一尝便一发不可收拾,每天晚上都眼巴巴地问隐藏菜

> 单，把这种超级鲜美的蘑菇的各种做法都试了一遍。
>
> 　　除此之外，价格定位上它也很有水平，他们选择走高端路线，通过把价格定高，筛选出一部分愿意付费的客户，然后再通过优质服务和额外的增值服务来赢得客户的好感和信赖。
>
> 　　比如房间里Mini Bar（迷你吧）的所有酒、饮料和小吃都免费，入住的时候还给你一大盘的欢迎水果和欢迎糕点，绝对能让你忘了房价高这个事实，只会让你觉得物超所值，有占便宜的感觉。

　　用我们中国人的话来说，一家在山沟沟里的普通酒店，谁莫名其妙跑去住啊？可人家居然能找到卖点，把自己打造成精品、轻奢酒店，还让一大堆游客千里迢迢来这个偏远的地方入住，这才是了不起的真本事，大家需要认真学习这种操作手法。

02. 如何让客户记得你

　　在生意场上，想让客户对你有印象，首先就必须让客户有一个特别的第一感觉。这感觉可能是：这个供应商好像还行。

　　只要有了这个敲门砖，基本上后续的沟通和谈判就相对容易了。否则你准备再多，客户都对你无感，你的邮件他根本不看、不回，甚至直接删掉，你再用心去做事情，又有何意义呢？

　　很多外贸人喜欢做开发工作，不断尝试去联系能找到的所有客户，不断推广，反复尝试着通过邮件和聊天工具与客户对话，但往往结果寥寥。

　　一个小公司老板抱怨，他给一个荷兰客户报过十几个不同项目的价格。没订单就算了，没下文而且跟进不出来，他也可以理解，客户是中间商，很多项目也要去竞争、去投标。但最让他郁闷的是，客户好像对他毫无印象，他们都沟通联系过十几次了，有一次他打电话过去，客户竟然对他一点印象都没有，完全是懵的。

这件事情让他觉得很挫败，怎么跟客户往来那么多次，对方就没有一点印象，连他这个人都记不住呢？

我跟他说，不怪客户记不住他，而是在工作中，客户要接触无数的潜在供应商和新供应商，这时候，客户对于每个供应商都没有太深的印象或者概念。如果在沟通的过程中，这个供应商没有什么特点，或者没有值得让客户记住的一些特定的事件，报价普通或者产品普通，就不容易给客户留下深刻印象。

所以我们常常强调，第一次的沟通和联系是非常重要且非常宝贵的，这关系到后面有没有下文，客户愿不愿意跟你进一步探讨。这又回到了一个最原始的问题，我们接触陌生客户的时候，如何让客户愿意跟我们沟通？

笔者在拙作《外贸高手客户成交技巧3：差异生存法则》一书中，提到过一个三位一体的模型，简而言之就是三个要点。

第一，架构PES[①]逻辑思维。

第二，注意价值传递。

第三，攻防一体，进退有据。

专业、效率、服务，这些大道理谁都懂，但认真想一下，你是否能做好？是否做得到位？是否能打败大多数同行的业务人员？

如果你对于这些问题犹豫了，那就说明你自己都心里没底，没有标准化的工作流程，还是依靠拍脑袋决策，随意工作和胡乱开发而已。之所以没出什么问题，并不是你足够出色，或许是你还没碰到神一样的对手。

---

① PES：是Professionalism+Efficiency+Service的首字母组合，表示"专业＋效率＋服务"。请参阅《外贸高手客户成交技巧3：差异生存法则》P5-P13，中国海关出版社有限公司，2019年10月第一版。

你会如何选择？

看看以下的五个问题，自我评测一下吧。

问题	选择
问题一：收到客户的询盘，只有图片，没有任何细节和内容，你会怎么做？	A.详细跟客户沟通，了解情况，询问相关问题，以便给出准确报价。 / B.不要紧，先根据客户的图片，给予专业的意见和建议，提供类似款式的价位参考，然后再进一步沟通，了解具体需求。
问题二：收到新客户的询价邮件，产品细节和参数非常复杂，你会怎么做？	A.跟公司技术部门同事认真确认细节，跟老板详细沟通、核算价格，最后资料收齐后，给客户一个详细而专业的回复。 / B.管它三七二十一，收到邮件先第一时间快速回复客户，邮件收到，大约多长时间会给予准确答复。
问题三：你做的是微波炉餐盒，德国客户询问，产品是否出口过德国？品质是否能达到要求？	A.拍胸脯保证，我们的产品品质很好，虽然没有出口德国，但都采用环保材料，肯定没有问题。 / B.告知客户，没有出口过德国，但是我非常了解欧美和德国对于食品接触类产品的标准差异，不管是有害物质检测，还是重金属迁移，测试结果都会在标准以下。
问题四：当客户表示，你同行的价格比你的便宜40%还多，你会怎么做？	A.连番强调不可能，完全做不到，这是不现实的，同行要么是偷工减料，要么是乱报价格。如果你能用这个价格买到跟我们一模一样的货，那你卖给我好了。 / B.恭喜客户找到更好的价格。为他感到开心。然后简单分析一下我们产品的价格构成，为什么这个价格是可靠的，并没有乱报价。然后表示，我们可以提供样品给他做比较。
问题五：客户投诉品质问题，表示30%的货都有质量问题，你会怎么做？	A.请客户提供证据，比如清点的数据、图片、视频，和相关其他证据，来证明真的有那么多货有问题。 / B.先跟客户说抱歉，也许是哪些环节出了问题，我们公司会尽快做内部调查，然后一周内给他详细的回复。为了让我们更好地了解和解决问题，不知道能否提供更多的信息给我们参考和学习。比如相关的图片和检验记录等？

图6-2 你会如何选择

如果图6-2这五个问题你的答案都是B，那恭喜你，PES部分的工作还算可以，继续努力。如果有一个是A，就要警惕，也许道理你都懂，但是执行过程中会有偏差。如果有两个甚至多个A，那就是有大问题，说明你本来的思维方式就有漏洞和误区，需要纠正和学习。

再看价值传递，客户要跟你合作，或者客户有那么一点兴趣跟你合作，原因是什么？你能给他带来什么？这才是值得考虑的点。

很多朋友"迷信"，我们是大公司、大工厂，所以我们可以跟你合作，这不足以说服客户，而我们小SOHO，也不见得就一定没有机会。

什么是价值？是如果跟你合作，你可以给客户带来什么，这才是核心要点。

你公司是大是小，跟客户没有一点关系。他在乎的是产品的品质，是交货期的稳定，是价格是否合适，是你公司不会轻易倒闭，是你不会卷款跑路……

明确了客户的真实需求后,再有针对性地总结和提炼自己的优势和卖点,巧妙地展示自己,才有可能给客户留下良好的第一印象,才有可能把谈判乃至项目推下去。

这背后是无数的大课题,值得SOHO朋友们认真思考。

不要说没有优势,不要说没有卖点,很多时候只是你不会总结而已。

6.4 能否往跨境电商转型

01. 请注意,隔行如隔山

有很多朋友在SOHO创业之初,其实没有明确的目标和方向。传统外贸不舍得放弃,毕竟自己做了多年,也有一些经验;跨境电商领域则是看着身边的亲戚朋友做得风生水起,也开始心痒痒,很想去尝试。

甚至我还经常听到这样的观点,"传统外贸不行了,跨境电商才是未来的方向"。我想说的是,不要被别人误导,也不要去听信某些人云亦云的观点,网上内容的质量参差不齐,不同的发言者有自己的思维方式,又或者有自己的舆论引导目的。你必须要有自己的判断和衡量,再结合自身的技能、经验、兴趣和特点来选择合适的发展路线。

比如沃尔玛需要下单8万条牛仔裤,在美国的门店里销售。他们有自己的品质管理,有自有品牌,有吊卡和包装等一系列的相关要求,有验货、验厂和供应商把关的体系,试问这样的订单能被跨境电商拿走吗?

比如OBI[①] 计划采购三万把配锂电池的无线电钻,从工业设计到内部结构,从品牌定位到包装制作,从颜色把控到材料选择,从订单管理到营销策划,都需要一个大团队来运作,需要德国总部、采购办事处、第三方机构、中国供应商、货代物流公司之间紧密协调,这样的项目能被跨境电商拿走吗?

---

① OBI:中文名是"欧倍德",是德国最大的建材家装类连锁卖场。

我坚持认为，只要人类社会存在，贸易就会存在。只要贸易存在，就不可能也无法彻底去中间化。电子商务根本无法摧毁实体店铺，跨境电商也不可能取代传统外贸。一个社会的分工体系是复杂的，每个环节都能产生利润，也都有存在的价值，这一定是一个相互依存和协同发展的关系。

而我们要考虑的是我们是否要转型做跨境电商？也许以前打工的时候做的是传统外贸，如今自己创业，要不要改做电商？又或者两手一起抓，传统外贸和跨境电商一起做？

我的答案是，隔行如隔山，不是不能做，而是一旦做了，就势必要分散自己的精力，要摊薄有限的资源。当人手不足、资金不够的时候，一定要专注于自己的核心优势，只做自己经验最丰富，对自己最有价值的事情。因为所有的试错都需要成本，这个成本甚至会大得难以估量。

也许有朝一日，公司发展迅速，有相当的规模和资源，也有一定的人员和团队，这时候，专门设立一个部门做电商并不是不可以。只是在起步阶段，我坚持认为，专注才是硬道理，而不是在一个自己不熟悉的领域去投入和扩张。

我说一句难听的话，也许你做传统外贸五六年，还是在公司和老板的羽翼之下，都没混出什么样子，你凭什么认为，自己一做跨境电商就能迅速改变，订单和财源滚滚来呢？

想清楚，每个行业都不容易，都有自己的困难，不是外界随意窥视就可以掌握内幕的。

也许你做传统外贸时会羡慕做电商的订单不断，现金流非常充分，自己要好久才能开一单。可或许做电商的朋友也在羡慕你，羡慕你一个订单就有六位数的利润，他们每天忙死忙活，一个月下来扣除成本，利润还是少得可怜。

我们总是会看到别人的优点和收获，而忽略了背后的痛苦。

02. 传统外贸VS.跨境电商

都说到这份上了,那就必须分析一下,传统外贸和跨境电商的优缺点有哪些,又或者说,差异在哪里。这样,我们在选择的时候还可以有一个大致的参照。我们通过6-3这张图,或许能给自己提供一些方向上的选择。

内容	传统外贸	跨境电商	备注
需要人数	少	多	跨境电商需要更多人手
订单金额	大	小	B端订单金额一般大于C端
产品选择	多	少	大部分行业都能做传统外贸
负责客户	少	多	跨境电商订单更碎片化
花费精力	多	多	要做好都不容易
返单概率	高	低	C端客户的随机性更高
实力要求	高	低	传统外贸更看重供应商的实力
个人能力	高	低	传统外贸对业务员的能力要求更高
谈判难度	高	低	B端订单谈判难度更高

图6-3 传统外贸与跨境电商大比拼

我做这张表格,并无意去分析孰优孰劣,而是让大家有一个相应的参考标准,知道该如何去比较,然后根据自身情况来选择有兴趣的创业方向。

传统外贸对于SOHO的个人能力的要求其实是很高的,从销售到开发、从策划到谈判、从文案到图片、从邮件到口语、从测试到标准、从品管到调研……涉及无数的技能。

而跨境电商则不同,需要大量的时间去引流、推广、宣传、做广告、促销、发货、服务、运营……不是说跨境电商对个人能力的要求不高,而是这属于另一类技能,是完全不一样的。

03. 传统外贸更适合SOHO的原因

各打五十大板的事情我一般不愿意做。我有自己的观点和判断,喜欢大大方方地说出来。

先说结论：对于外贸SOHO而言，更适合做传统外贸。

原因有三点。

很多产品不适合做跨境电商

也许很多消费品、日用品、礼品是可以做电商的，可以直接给客户发货。可工业类产品呢？原材料采购呢？大型机械设备呢？低货值但高运费的产品呢？这些都不适合做跨境电商。

比如你做的是矿山设备，当然只能做传统外贸，如何做跨境电商？

比如你出口ABS[①]原料，你的目标客户都是海外工厂，这也只能做传统外贸。

比如你做的是装纯净水用的大桶，成本不到五美元一个，但是快递到海外的运费要接近七八十美元，这依然不适合做跨境电商。

我曾经做过总结，你从事的行业和产品要同时满足以下三个条件中至少一个，才可以尝试跨境电商这个模式。

①以消费品为主，最好有一定附加值。

②体积小、重量轻，可以节约运费。

③能获取到不错的利润。

我有一位朋友做的产品是私人订制的婚纱，从苏州发货给全球的客户。因为款式多，可以选择的面料也不少，客户可以根据自己的需求来搭配和选择面料。产品的重量还可以接受，运费相比婚纱的货值也不算高，还可以维持不错的利润，这就特别适合做跨境电商。

人员、时间和成本的问题

在图6-3中，我们可以看到，跨境电商比传统外贸需要用更多的员工，需要更多的人力成本，这是必然的。

假设我们做的是书写用的本子，可能做跨境电商的客单价是35美元，利

---

① ABS：塑料的一种，专业化学名是 Acrylonitrile Butadiene Styrene，丙烯腈丁二烯苯乙烯。

润也许有100%，表面上看起来还不错。但是电商要把生意做大，就需要雇佣更多的员工，打造更大的团队。

由于每个人的时间和精力是有限的，一天也许接待和处理50个潜在客户的询问、沟通、接单、打包、核对、发货等工作，就让一个工作人员达到饱和状态。一旦订单多了，就势必要增加人手，去接待更多的客户。

但传统外贸不同，也许三个月没有订单，但接到订单就是3000套本子，哪怕价格低于电商的零售价，但第一张订单就有七八万美元，这是不可同日而语的。

人员少，跨境电商很难做起来，个人的时间精力有限，千头万绪的工作几乎不可能一个人独立完成。哪怕可以，也要耗费大量的精力。

人员多，成本就会大量增加，这对于刚起步做SOHO创业的外贸人而言，是不能承受之重。一旦电商做得没什么起色，公司可能就会因为人力成本过高而迅速垮掉。

发展模式的问题

大多数SOHO考虑的都是从SOHO这个阶段过渡，逐渐进化成贸易公司老板或外贸工厂老板，而电商的模式与传统外贸还是有一定差异的。

通过SOHO阶段积累一定的客户和资源，然后逐步变成一个规范化的贸易公司甚至自营工厂，这都是顺理成章的事情。

可如果走的是跨境电商的路线，随着生意的增长，必然需要更大的团队。换言之，假设你做服装，可能一年1000万美元的销售额，六七个员工的贸易公司就能办到；可若是做跨境电商，要达到同样的销售额，或许要维持五十人的团队，甚至更多。

所以，发展模式不同决定了人员方面是轻资产还是重资产。我从来不认为轻资产就是好，重资产就是不好，没有这个意思。只是从风险角度衡量，我个人更加偏向于轻资产，我认为这个模式更适合SOHO从零开始创业。

当然，若是你本身就有丰富的电商公司从业经验，自己创业也不需要从

SOHO阶段开始，而是直接拉出一个团队，拿到一笔风投，直接上一个规模化的企业，甚至有足够的资源和资金可以用，那就是另一回事了。

04. 往跨境电商转型的一些例外

转型做跨境电商不是不可以，要根据你自己的特点和情况来衡量。

根据我的经验，大多数外贸人在SOHO创业的时候，还是做传统外贸更合适。但事情并非绝对，也有不少的例外存在。

譬如我的一个朋友做的是手工创意礼品，所有的产品都是handmade（手工制作）。她用一些毛线、金属亮片，就可以化腐朽为神奇，做出一只憨态可掬的猫咪；她用一些珠串和纸板加上自己的手绘，再配上水钻，就可以做出一款无比精致且独一无二的桌面手机支架。

这一类的产品其实已经不是Handmade Gift（手工礼品），而是属于Art（艺术品）。这种产品是无法实现量产的。很多西方人特别迷恋这种手工制作，认为它有独一无二的感觉，是特别而不大众化的产品。

这些东西就更加适合于个人买家，通过跨境电商平台销售就比较合适，可以获得比较高的利润。不是说这种产品不能做B端客户，比如找到一个进口商，你专门给对方设计和开发新品，对方包销或者代卖也是一个思路，但无法大量复制和增加产能的前提下，去中间化是一个好的选择。

6.5 如何看待如今的直播风口

01. 直播不适合传统外贸行业

在国内，直播这股风潮开始已经有一段时间了，随着一些购物平台和APP的兴起，直播带货成了一种新的推广形式。

很多人或许一开始很淡定，但看到商家接连不断地刷新销售纪录，看到别人赚得盆满钵满，看到朋友做的某款产品不到一分钟就在直播间售罄，也变得不淡定，开始想着是否要进去，在风口分一杯羹。再加上媒体的渲染，各种成功案例的分析，无数网红、明星和企业家们的疯狂涌入，屡创新高的公开数据，不少外贸朋友也开始心生疑虑，我们要不要也做一下直播？既然电商可以做成跨境的，直播应该也可以啊。

于是，我的微信和微博又开始被各种信息轰炸，都是关于外贸方面直播带货能否成为新的流量池和增长点的咨询。

甚至有一个学员脑洞大开，在外贸公司工作十一年，突然决定辞职创业，做外贸SOHO，并且希望将来拥有自己的贸易公司。

我刚准备鼓励她几句，可没想到她接下来的表述是她有丰富的外贸从业经验，也有相当不错的供应商资源，如今直播又是风口和热点，可能一个月就能赚别人几年赚的钱，所以她要把外贸经验和直播相结合，开始创业，走"外贸+直播"的创新模式，打出一片天地。

这番言论让我瞠目结舌，不知道该如何去扭转她的想法，还是任由她碰一次钉子。

我发现微信群里也开始有服务商在不断渲染"直播带货将成为未来外贸的新模式，呼吁大家抓紧时间，提早加入，参与课程学习，掌握巅峰时刻"之类的话术，开始"贩卖"焦虑。好像你再观望就会失去机会，别人都在大把赚钱云云。

这些听起来好像有几分道理，国内的直播带货也确实开展得如火如荼，也形成了规模化的产业链。可事实上，这都是外行人在说内行话。

因为内贸和外贸是截然不同的两种工作，不是内贸的国际化这么简单的。这涉及行业标准、沟通谈判、法律法规、区域市场、订单操作、货代安排、收付款项、合同缮制、订单处理、贴牌代工、报关出口等方方面面的内容，这是系统化的工作，不是国内直播间里的"卖货"给消费者那么简单。

如果你做的是跨境电商，你也要考虑时差的问题，各国不同消费者的偏好问题，还要考虑你的产品是否适合，能否满足快递物流的成本控制需求等，背后依然是一系列专业化的工作。

所以，这位学员明明有丰富的传统外贸经验，但是希望通过SOHO创业，采用直播加电商的模式，我觉得这个想法太荒唐，成功率太低。因为电商她不熟悉，直播她也不熟悉，仅仅看着别人做得好，就觉得自己也行，也要尝试，这是一个很可怕的想法。

02. 直播的模式其实早已有之

其实直播这种形式，在很多年前就已经有了，并不新鲜。只是在那个年代，它有另外一个名字，叫"电视购物"。

若是认真想一下，这都是完全能对应起来的。无非是对着产品做介绍，然后加上自己的评价和感触，用一些夸张的用词，宣布在限定的时间里可以得到最大的优惠，惊爆价，再赠送礼品套装，然后再给予满减优惠，层层叠加，来刺激消费者迅速下单。

我们可以认真对比如今的直播模式，直播销售的产品大多数集中在美妆护肤品、日用品、家居用品、消费品、食品等，其实有很大的局限性。不是说大件产品或特殊商品不能卖，而是相对来说比较少，即使有也只是为了广告效应而存在。

比如直播间卖车、卖房、卖火箭，但是我的理解是这种商品通过直播形式销售，商业价值很低，更多的是为了广告效应和话题营造。

在直播场景之下，消费者可以看到订单迅速增加，以及库存的迅速减少，大家会有强烈的紧迫感，会在那个氛围下感受到压力，好像我再不下单，机会就要擦肩而过，就少占了便宜的感觉，就无法享受如此的优惠和叠加的赠品。这支口红，原价要299元，如今只需要99元，还赠送你三件套。直播间会有一个链接，消费者可以通过点击加入购物车，或链接到第三方电商网站，直接形成订单的转化。

这种营销手法，这么多年下来都没有什么大的变化。不管是降价，还是买赠，还是限时抢购，都是非常基本的定价策略和营销手段。只是如今互联网高速发展，让直播比过去的电视购物更进一步，可以做到在直播间和用户互动，也有了电商平台可以跳转购买链接，可以在线付款，这些都是科技进步所带来的。

可是背后的逻辑、运营的方式、营销的手法、沟通的技巧、转化的策略，与过去相比都是触类旁通的。

03. 传统外贸的变通思维解析

我们首先要明白一个情况，我们做的是外贸工作，为什么会往直播这条路去想？是希望能够对接客户？希望客户可以看到一个真实的场景？还是其他原因？

有朋友说，客户看到的我们的产品仅仅是静态的，看不出任何特点和功能，但是通过直播能够对产品有一个360度无死角的展示。而且，有些产品的功能，用图片和文字描述不如当场操作一下，一眼就能看明白。

有朋友说，平时用邮件或聊天工具沟通，客户看到的是冰冷的文字，甚至可能因为表达的问题造成误会。但直播不同，客户可以看到人，会感觉比较真实，这跟纯文字的交流谈判是完全不一样的。

有朋友说，很多时候，客户是没有具体的消费需求的，也许对于我们的产品兴趣并不大，你用开发信、用邮件营销，对方未必会认真看，因为这是主动输入信息，需要对方感兴趣才行。但直播是一种被动的灌输信息，只要他在看，就有可能被我们打动，对产品产生兴趣，就有可能转化成订单。

这些理由，其实都没错，想得也比较通透和到位。

但是这仅仅针对于有同一种文化、同一种习惯、同一种思维的人才有一点用处。而我们跟国外客户的文化背景不同、购物偏好不同、审美习惯不同，很多时候并没有完全可以套用的标准。

上面的思维，其实综合起来无非就是图6-4所示的三个要素。

Three Advantages For Live Streaming

真实性
客户能感觉到面对面的真实感，好比在线下直接看到这个供应商、看到具体的产品，这比线上单纯的文字和图片有更强大的视觉冲击力。

功能性
产品的功能和特性可以通过直播的形式更好地展示和阐述，产品也显得更加真实。

需求性
在没有直接需求的情况下，通过产品展示和现场解说，来深度挖掘客户的潜在需求，从而激起客户的购买欲，从而转化成订单。

图6-4　直播的三大优势要素

这些看起来貌似有道理，但都有破解的办法，甚至是有更好的处理方式。

真实性可以通过视频会议的方式实现，一对一的效果更好，而且更有针对性，可以深入探讨相关问题。

功能性可以通过预先录制视频的方式实现，可以提供视频文件给客户，也可以放到YouTube等视频网站，给客户提供链接。

需求性，只有C端的客户，也就是电商对接的个人买家才有可能因为诱惑和冲动而下单，B端买手几乎不会有这样的可能性。你是家具买手，你会因为看了直播，下单一个集装箱的彩妆吗，这不现实。

所以把这些目的拆解后我们可以得到一个结论：视频+图片+文案+内容+视频会议，同样可以达到直播的效果。

04. 最后的几点补充

在我看来，不管是B2B平台、线下展会、官网独立站、社交软件，还是直播，这些都是销售的途径和方式，只是对外的一个渠道，一个展示的机会，一个触发点，仅此而已。

根据我的经验和观察，直播对传统外贸几乎无效，对跨境电商或许有些效果，但是千万不要寄予太大的希望，以免花费大量时间精力，而效果寥寥。

线上销售，在如今这个时代的确大幅度提升了效率，很大程度上取代了一部分线下的展会，这是事实。但我坚定地认为，贸易的本质是人与人之间的交流，是商业谈判，是需求探讨，是供应链的平衡，是供应商的筛选。

不论你采用何种渠道去开发客户，渠道带来的更多的是商业连接，让供应商跟客户接触上。

至于联系上了以后能否转化成订单，这涉及很多因素，也考验供应商的谈判能力、产品特点等。外贸行业的直播卖货或许还不如前期沟通后，相互有了兴趣，再约时间视频会议来得管用。

传统外贸是不可能消亡的，商业合作不会停止。也许在未来的商业社会，各种新的销售模式会层出不穷，甚至出现我们如今想象不到的新的技术。

但Absolute Advantage（绝对优势）和Comparative Advantage（比较优势）的原理永远存在，任何国家都需要出口和进口，国际分工会更加复杂，更加专业化、精细化和多元化。

一家生产和代工手机的中国广东工厂，或许在韩国采购显示屏，在日本采购摄像头模块，在美国采购基带和芯片，在中国的广东、福建、浙江、上海、北京采购各种零部件，在广东完成组装，再出口到世界各地。最终的产品，或许一部分是Private Label（自有品牌），一部分是OEM[①]（客户的品牌）。

如此复杂的国际分工和全球化的供应链管理又怎么可能被直播卖货所取代？所以外贸人还是清醒一点，不要被别人带节奏，也不要被服务商收取智商税。直播只是营销展示的一种形式，千万不要指望把销售模式改成直播就能让传统外贸变得十分好做，就有了超级引擎，那纯属想多了！

[①] OEM：Original Equipment Manufacturer 的缩写，也称为定点生产，俗称代工生产。

我还是想告诫各位致力于SOHO的外贸人，脚踏实地，从软实力入手，全方位提高自己的能力，找到值得深挖的产品和行业，并将其做精细化运营，有针对性地开发潜在客户，这才是正事。

每条路都不好走，都有现实的困难，都有充分的竞争，真正的捷径，是不断打磨自身，通过时间复利来堆高防火墙。

第七章
外贸创业的逆向拓展思维

举翅万馀里，行止自成行。

——曹操《却东西门行》

7.1 是蜜糖还是毒药

01. 你觉得这是蜜糖吗

很多朋友在准备做SOHO创业之初都会碰到一个难题就是资金不足，心理压力大，以及对未来的迷茫。

我手里的钱，究竟能否支撑创业？

如果连续好久不赢利，我该怎么办？

一个人感觉好孤单，要是有帮手该多好啊？

从来没创业过，心里总是没底，究竟能行吗？

我开发能力好像不错，但供应商资源不多，怎么办？

一系列的问题随之而来，对于未来开始充满恐惧。这是人之常情，人都会对不确定的事情，对可能会出现变化的事情感到畏惧，感到犹豫。

这不是去了一家不好吃的餐厅吃顿饭，上了一次当，大不了以后都不去了。创业路上碰到难题，SOHO过程中遇到困境，怎么办呢？难道也果断放弃，明天继续找工作上班去？大多数人都无法做到，都会设法去处理和解决问题，找到突破口。因为创业这条路，对于大多数人来说都是不可逆的。

在你觉得心里没底，有野心但又有些无助的时候，若是有一个"天使"出现，愿意分担你的压力，愿意和你共同面对困难，愿意跟你一起努力一起奋斗，你会做何选择？

你往往会觉得压力瞬间变小，自信心迅速增长，原因是有人和你分担，可以跟你共同创业。这种分担有一个词就是"合伙"。

很多外贸朋友在SOHO的第一步选择了合伙，不是因为缺钱，不是因为能力不足，也不是因为困难重重，而是因为一种依赖性的心态。

也许最初创业不需要花太多钱，一个朋友跟你说，那就拿出30万元创业吧，我出15万，你出15万，我们一人50%股份，一起奋斗，一起分钱，可以吗？

也许有供应商跟你说，我们深度合作吧，咱们搞合资公司，你出人，我出钱，然后一人一半股份，订单下给我做，可以吗？

也许有老同事跟你说，咱们一起干吧，你做业务开发客户，我来负责跟单、采购、货源这块，你的股份为六成，我的股份为四成，我们合伙吧？

也许有兄弟或闺蜜跟你商量，我们一起创业得了，辛辛苦苦打工多没意思啊，还要被老板克扣，被猪队友拖累，不如自己做，愉快地决定了吧？

或许你会答应，因为有人愿意跟你一起创业，心理上总会给你更多安全感。更何况，三个臭皮匠，顶个诸葛亮，两个臭皮匠也不会差到哪里去，总比一个人强。

有句话怎么说来着？一人计短，二人计长。大碗喝酒，大口吃肉，仗剑江湖，那是多么豪情快意，谁没有一个当老板的梦呢？若是有机会实现，有人跟你一起拼搏奋斗，成功率肯定高于单打独斗啊。

想到这里，可能你就头脑一热，被想象中的蜜糖所诱惑。

02. 不，我觉得这是毒药！

在我看来，大多数的合伙都不是蜜糖而是毒药。

根据我的经验，我接触的所有做外贸的朋友，只要涉及合伙的，90%都已经散伙，原因都是利益分配和权责定位不明确，在合伙之初并没有设想到这些可能发生的问题。

也许你会说，那不是还有10%的人成功了吗？创业不就是九死一生，90%的人合伙不成而散伙，不还有10%的人合伙成功了吗？

抱歉，你太乐观了，真实的情况是，剩下的10%虽然暂时没散伙，但已经在散伙的路上奔跑着，早就有各种矛盾，积怨重重，已经为了各自的利益而开始内耗，随时有可能进入最后一步，宣布散伙。

单纯说这些大道理，或许很多还没开始SOHO创业的朋友会觉得危言耸听，会天真地认为，自己不计较，自己能妥协和让步，多一点少一点无所谓，大家一起努力，哪怕合伙人赚大份，自己也完全可以接受。

那就先看几个案例吧，看完后，问问自己，是否还坚持原有的观点不动摇。

案例 7-1

小北的惨痛合伙路

小北是我的学员，有一天给我发信息说，她终于离开了老公司，跟一个朋友合伙创业，那朋友有十多年外贸经验，有自己的公司，非常专业。

我心里咯噔一下，有了不好的预感，连忙问她："为什么选择合伙呢？你不是决定自己SOHO吗？"

她说："自己SOHO总觉得心里没底，毕竟也就三年的外贸经验，总是觉得单薄了一些。朋友是同行的老板，生意做得相当不错，是老公司最大的竞争对手。这个老板为人还算可靠，所以既然创业，那就跟他合伙算了。"

她以前跟我提过，老板总是克扣提成，就连基本工资都经常拖延发放，她实在忍不下去了。更关键的是，老板不是没钱，他在当地也算得上是富豪，自己有豪车豪宅，子女都送去美国读书，但是连她两千元的底薪都要一拖再拖。她是公司能力最强的业务员，负责了近一半的客户和订单，可一年下来的总收入连十万元都不到。

我似乎有点明白，离职后找老公司合作，向老公司采购产品总是不太方便，所以找同行作为供应商，这样合伙，逻辑上也算是说得通。可她接下来说的话反而让我更加疑惑了。

"这个同行不是工厂，而是贸易公司，所以她是跟贸易公司老板合作，大家一起新开一家贸易公司，做的依然是老产品。"

我越听越糊涂，既然同行是贸易公司，做的又是同样的产品，为什么要跟她合伙呢？如果认为她能力好，完全可以招聘她，给她高薪，那老板选择跟她合伙，这不是给自己找竞争对手吗？

事出反常必有妖，我当时就断言，这件事情没那么简单。这家贸易公司老板是不可能给自己培养竞争对手的，他很可能表面投资一点点钱，然后分掉新公司一半的收益，还能掌握她原有的供应商资源，甚至在生意起来后，踢走她都是很自然的事情。

小北一开始还不信，觉得那老板不是这样的人，是我多虑了，因为我没接触过也不认识他。她觉得对方很真诚，出了20万元的资金让公司起步，但是合伙协议上给小北51%股份，他自己只有49%。小北认为，她有51%的股份是完全可以做主的，对方真的很有诚意。

半年不到，小北就来跟我哭诉，她被合伙人坑惨了，那家伙真是个彻头彻尾的坏蛋，做了好几件特别恶心的事情。

第一，小北开发的客户自然属于两个人合伙的公司，扣除费用后的利润，对方占49%，小北占51%。可合伙人开发的客户全部都属于他自己的贸易公司，从来不用新公司的名义，也根本不会导入新公司。结果就是，小北辛辛苦苦开发的订单，利润要被分走一半，对方只需要坐享其成，一个客户都不用给新公司开发。

第二，合伙人手下的业务员不知道用什么方式偷偷联系上了小北的客户，报的价格比她低一些，摆明了是来抢单的。她觉得，合伙人这是连那51%都不愿意给她，要用自己的公司抢光合伙公司的客户。她愤怒质问的时候，对方满不在乎地表示，生意嘛，大家都要做的，公平竞争就好。

第三，合伙人故意引入一个所谓的战略合伙人，是一个工厂的老板，说是给公司独家供货，工厂老板也愿意拿出10万元投入新公司，通过资金加技术入股，算10%股份。合伙人建议，一人转让5%给工厂老板，正好合适，小北也同意了。结果小北变成了46%，合伙人变成了44%，工厂老板是10%，两个合伙人变成了三个。

第四，小北发现最近好多订单都很难谈，勉强拿下的订单，毛利要维持10%都很难，工厂的产品价格很高。可是她一接触工厂，对方立马说，我们是合伙公司啊，我坑你不是坑我自己吗？这个价格真的是合理的。可后来，小北发现，工厂的价格比其他供应商高了不止10%，产品品质还更差。她还从工厂业务员那里得知，这些项目里都有她合伙人的私人佣金在，可她自己却从来没额外拿过一分钱。

第五，一次偶然的情况，她得知工厂老板早已经把那10%的股份转让给了她合伙人。也就是说，合伙人已经掌握了56%的股份，而她变成了44%，从掌握话语权到变成第二股东。

第六，合伙人开始大量报销费用，每个月非常多的差旅费用，拜访供应商、见客户等，一报销就是几万元。公司账面上几乎所有的利润都被合伙人以报销的形式用得七七八八。小北质问了几句，对方振振有词，这是开发啊，我开发客户总需要业务经费的。

小北后来忍无可忍决定退出。这一次合伙，对她是一个惨痛的教训，没有拿过一分钱工资，因为天真地认为，既然是合伙一起分红就行，需要什么底薪呢？合伙人也表示自己不拿底薪，大家都是老板不需要底薪。可结果，人家尝尽了甜头，她白辛苦后什么都没有，连老客户都被挖走了。

到这时候她才相信，商场上人心险恶，合伙都是为他人作嫁衣裳。这不是蜜糖，而是毒药。

也许你会说，这种奇葩的合伙人一定是少数，大多数人还是老老实实做外贸的，一起赚钱和分钱很自然，不至于哪里都是这种心机深沉的家伙吧？

说得没错，但现实中，除了这种心机深沉的阴谋算计外，还有大量的散伙的缘由都是利益和权责分配不均而产生了不可调和的矛盾。下面这个案例就是好朋友之间因为现实问题而散伙的。

案例 7-2

付出不对等，心力交瘁

米粒跟两个大学同学合伙创业，也属于SOHO的形式，租了一间小办公室，三个人一起办公。米粒做的是空压机的销售，在浙江宁波的某家贸易公司做了五年的外贸业务员。两个大学同学呢，一个正好在一家空压机工厂做销售，米粒既是她同学兼闺蜜，过去还是她的客户。另一个在某家大贸易公司做跟单，也有多年经验，是资深员工。

这三个人都有各自的工作困扰，都有辞职的想法，某天在火锅店聚餐后，一拍即合，决定出来一起干，合伙创业。

当时的想法是很美好的，三个人平摊股份，每人1/3，然后每个人都拿出5万元钱投入公司作为运营的费用。大家都不拿工资，每一笔订单收款后，利润的三分之一留在公司，其余的就立刻分钱。大家都同意，也的确干劲十足。

但是不到半年，米粒就来跟我诉苦，她想撤股，不想跟她们一起了，但是她们俩不同意，米粒可以自己离开，但是她们不愿意退钱。因为核心的业务员离开了，公司就等于垮了，靠采购员和跟单员，根本不可能维持下去，所以要补偿她们，公司的钱要分给她们俩。

米粒不愿意，但是自己很无奈，她们两人加起来的股份是2/3，她只有1/3，等于她们俩只要统一阵线，她只有接受的份。

但这还不是最重要的，让她一直抱怨的是工作都是她在做，从开发客户，到做网站、注册公司、开通账号，到网络平台投放，但是辛辛苦苦开发出来一个订单，可能有9万元利润，其中1/3也就是3万元留在公司账户，剩余6万元三个人分，她只能拿到两万元，她们两个都没做什么事，每人都有两万元。

她觉得好不公平，凭什么？跟单只是机械化的工作，难度并不高，价值同样不高，凭什么可以拿跟业务员一样的收入？还有采购，第一个订单当然需要找供应商，但是供应商找到后，客户返单，采购员什么事情都没做，每天就是在公司里打游戏，结果也可以分一样的钱，她觉得难以接受。

她每天跟客户要谈到半夜，还要操心新客户的开发问题，连续几个月都睡不好，太多的事情，千头万绪，但是那两个合伙人轻轻松松，每天喝下午茶，但是每次赚的钱大家拿的都是一样的，她觉得太不公平了，根本不是按照贡献来分配。

更过分的是，米粒开发新客户必然需要花费一些业务费用、打样的费用、快递的费用，这些都需要报销在公司账上。她们两个就开始阴阳怪气，说她不懂得节约，要习惯问客户收钱才是，没下单的客户，当然需要承担样品费和快递费。凭什么米粒一次次花大家的钱，但是新客户又开发不出来，这是能力问题吧。

这种风凉话让她很受伤，也觉得很无奈，她全心全意为公司拼尽一切，另外两人收钱的时候理所当然，都不管她付出了多少，但是要公司报销费用时就觉得好像动了他们的利润，哪有这么好的事，开发不要钱啊？

她最后决定，哪怕公司账上的钱她一分都拿不到，她也无所谓，都不要了，自己重新注册公司，重新开始吧，再也不合伙了。

这个案例又是不对等的付出导致散伙的结局。创业之初，大家可以凭着一腔热血去做。但是做的过程中，会碰到各种问题，这时候合伙的弊端就开始出现。

而很多SOHO都是第一次创业，并没有丰富的经验，也没有经历过这些事情，所以不可能在一开始就谈好所有的细节，就把所有可能发生的问题事先探讨研究，然后用详细的合同条款来规避，这不现实，谁能预测未来呢？

再说了，事情要到发生以后才能研究和设想应对策略，没发生的事情，可能发生，也可能不会发生。所以哪怕用自己的经验，苦口婆心地去告诉所有外贸人，不要合伙，不要合伙，不要合伙。但别人没有经历过这些，没有碰过钉子，没有踩过雷，没有撞过墙，是不会有这样的体会的。

这时候，他只会看到蜜糖，看到好的东西，设想美好的未来，而忽略了蜜糖或许并不存在，合伙本身也许是毒药。

当然，这只是我的个人观点，仅供大家参考。

7.2 我偏不

01. 过来人告诉你，不要不信邪

也许有人喜欢合伙，觉得能降低创业成本，但我坚决反对，我认为这会给未来增加很多不可控的风险。

大公司靠的是制度，因为它已经是一个完善的企业，引入合伙人，引入股东都有办法处理，也有一定的经验去应对和解决可能发生的问题。甚至很多问题在一开始的合同制定过程中都规避掉了。

小公司不同，初创企业各方面都不完善，没有相应的制度，需要在发展过程中一点一点去补充和添加。这样一来，前期的合伙协议就完全属于拍脑门决定。一旦决定下来，你后期要改，那就是动合伙人的利益，那是千难万难的。

很简单的一个道理，也许你找了一份工作，你入职的时候可能薪水是6000元，但是半年后，老板跟你说："我当时搞错了，其实业务员薪水不应该这么高，我决定修改公司制度，给你降薪，下个月开始调整到4000元。"

你能接受吗？肯定不能啊。谁会愿意让出自己的既得利益呢？除非用其他利益来交换才有可能办到。

如上一节中的案例7-2，米粒一开始想得很好，三个人一起合伙，一起分钱，一起努力，其利断金。而且三个人的角色是互补的，一个负责业务，一个负责跟单，一个负责采购，看起来是很完美的团队组合。可结果呢？

结果就是，她没有考虑到每个人的工作和产生的价值是完全不一样的。她负责业务，她就要不断地去开发客户，去做营销的工作，去谈判，去对接客户，去承受销售过程中的一切压力。

可跟单员呢？跟单员的工作不能说很轻松，但是相比业务员而言，在外贸行业里属于相对低段位的工作，虽然跟单员也重要，但是产生的价值并没有那么高。这就是为什么，在大多数外贸企业里，跟单员的收入远低于业务员的原因。市场的薪酬标准决定了这就是合理的，就是长期以来的一个均衡价格。

现在米粒通过合伙的模式，让跟单员和业务员分到一样的收入，跟单员当然开心了，铁定会抓住这个难得的机会。但是一旦这样执行，这就是跟单员的既得利益，你要改规则，要夺走她的收益，她绝对不会同意的。

再说采购员，米粒最初设想的是，采购员负责寻找供应商和把关产品，所以她需要这个人加入团队。可后来发现，事情远远没有那么简单，采购员的工作也远没有那么繁重和复杂。结果就是，单一产品，采购员只需要寻找两家供应商，后面就是偶尔拜访下工厂，基本没有太多工作，但是她也要分走跟业务员完全对等的利润。

所以米粒最后崩溃了，虽然有各种琐碎问题，有工作中的困扰和压力，但是根本原因还是没有设想到合伙过程中的各种雷区，无法事先避免。

02. 可以合作，拒绝合伙

每个人的贡献其实是很难量化的，工作的价值也很难衡量。合伙的最大难题不是工作的问题，而是利益分配的问题。牵扯到实际利益，谁会愿意主动让步？谁又能理性看待和分析自己的贡献呢？

哪怕两个人一人一半股份，每个人投资一笔钱，合伙做一家小贸易公司，大家一起做销售。但是在工作中，有没有可能订单真的很平均，利润也很平均呢？你的客户，一年下来订单额正好是30万美元，利润12%；合伙人的客户，一年下来订单额也是30万美元，利润12%。这样的情况下，大家一人一半分红，或许还能勉强维持现状。

为什么说勉强？因为工作和开发过程中，也许业务费用不同、报销金额不同，这样或许会导致对方心里不舒服，会有各种问题存在。

合伙，就代表这家公司不仅属于你，也属于合伙人。既然大家都有份，那就不是你的一言堂，谁都有话语权，谁都有决策权，谁都可以参与分享公司的利益，这就必然会出现各种难以预见的矛盾。

我的建议从来就是，可以合作，但不要合伙。

如果你SOHO创业，需要人手，你自己有合适的人员和资源，那就可以考虑雇佣的方式或者合作的方式。切记，不要贸然合伙，这件事情必须谨慎。

不要贪图方便，不要贪图心理上的依赖感，既然创业，那就一定要有独立的心态，要自己去面对各种可能发生的困难。

面对问题就解决问题。需要人手就招聘人手。渴望借力，那就寻求合作。

如果别人建议你，创业的路上，尽量合伙，尽量跟熟人一起，尽量跟朋友一起，请你用三个字回复他："我偏不！"

7.3 也许你不懂招聘

01. SOHO招人的困难

外贸SOHO创业的过程中会有各种难题出现，其中一个横亘在眼前的，让无数朋友头疼的就是招人的难题。

第一，初创的小贸易公司，只有老板一个光杆司令，网上都查不到相关信息，甚至连一个像样的办公地点都没有，如何让求职者信任？

第二，没有团队和同事的情况下，求职者自然会担心，这家公司是否可靠，职业生涯的发展前景如何，还是说它仅仅是一家皮包公司？

第三，自己还是刚创业的SOHO，给不起有竞争力的薪水，在同等条件下，求职者是否更愿意选择正规的工厂或贸易公司？

第四，对于公司将来的发展自己心里都没底，都不知道会是什么样的情况，如何向求职者解释发展方向呢？

第五，公司的资源太少，初创企业什么都不具备，可供宣传的点都找不出来，对于求职者明显缺乏吸引力，怎么办？

这一系列问题的确是真实存在的，不需要避讳，也无法隐瞒。要知道一个现实，只要是人都必然会以貌取人。

求职者要选择一家公司，选择一份工作，肯定会尽量选择光鲜亮丽的。比如谁都喜欢大公司，喜欢正规企业，喜欢高级的写字楼，喜欢优越的工作环境，向往高薪厚职，对未来有美好的预期，这都是人之常情。我们当年找工作的时候也是这样的心态，我完全可以理解。

那么作为SOHO，作为初创企业，当我们什么都不具备的时候，如何吸引人才呢？我觉得要从三个模块入手。

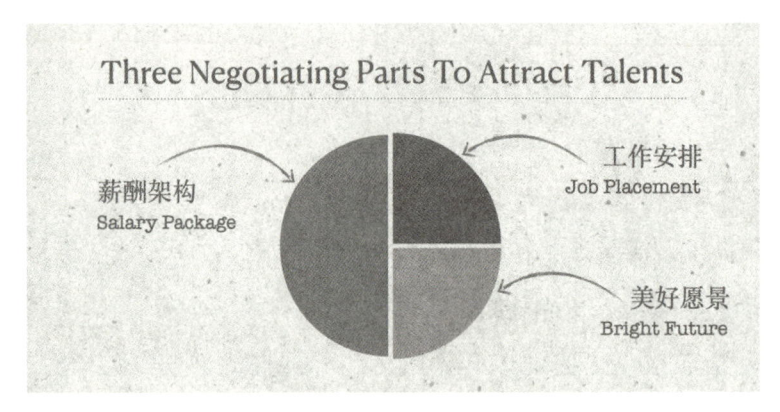

Three Negotiating Parts To Attract Talents

薪酬架构 Salary Package
工作安排 Job Placement
美好愿景 Bright Future

图7-1 吸引人才的三个模块

如图7-1所示，首先从薪酬架构入手，这是关键的关键。在你未能提供丰富薪酬的时候，说什么都是没有说服力的，不论你说再多，都是虚的，别人只会认为你在吹牛，无法认同。所以这种情况下，必须让求职者了解，我们的薪酬制度还不错，很有弹性，有很大的空间，只要他认真做，只要他做出成绩，我们完全是按贡献分配的，不像大公司的规定那样死板。

其次，从工作安排入手，强调我们是初创企业，他可以得到最大限度的培养，提高自己的竞争力，同时可以尝试和体验不同的工作。因为我们是小公司，会给他更多的机会，而在论资排辈的大公司，都是在其位谋其职的螺丝钉，职业的宽度相对有限。

最后，探讨美好愿景。怎么探讨呢？就是谈未来的发展潜力。大公司已经成功了，已经成熟了，是前一代人打拼出来的，跟新人的关系不大，新人是无法分享红利的，除非有特别特别大的贡献，可以改变公司，可以带来巨大利益，才能分享到相应的收益。可在小公司就不同了，如果他是元老，是公司的核心团队成员，未来就是中层，就是高层，就是团队的领导者。

这一点可以简单理解为，给一颗糖，画一个饼。公司小，什么都没有，如果薪水还非常非常低，提成和奖金都没有任何竞争力的话，单纯靠画饼，是无法招聘到合适的人才的。

若是预算有限，无法在底薪上给予更多，那怎么办呢？譬如设计几套方案给对方选择无非就是以下三种：

> 偏低底薪+偏高提成
> 正常底薪+正常提成
> 偏高底薪+偏低提成

根据具体情况做适当调节，然后把内容再适当量化就可以达到美化效果了。

02. 如何具体操作执行

也许有朋友会说，你说了那么一大堆大道理，听起来都没错，可问题是，如何执行？如何把这些东西落地呢？

每个SOHO的情况不同，没有万无一失的做法，也不存在放之四海皆准的方案。我们只能根据自身情况来调整，把有优势的地方优化，然后在薄弱的环节一笔带过。下面这个案例就是一位朋友在SOHO之初招聘业务助理时的要求，给大家参考。

案例 7-3

一位 SOHO 的招聘广告

本公司是专注于园林工具开发和销售的贸易公司，主要市场是西欧、北美、澳新和中东地区。现招聘外贸业务助理，具体情况如下：

一、我们会给你什么

1. 毅冰米课全方位的外贸技能培训
2. 园林工具和本行业的内容知识
3. 助理、跟单、采购及销售岗位的体验
4. 电商平台的运营、操作和管理

5.相关办公软件的应用和学习

6.有竞争力的薪酬架构和职位升迁路径

7.一年一次国内展会，两年一次海外展会

8.海外拜访客户机会

二、薪水福利有哪些

1.无责任制底薪

2.绩效考核奖金

3.岗位津贴

4.业务提成（针对外贸业务员及以上岗位）

5.全勤奖

6.年终奖

7.电话费补贴

8.餐费补贴

9.劳动法规定的社会保险

10.工龄补贴

11.法定假期及带薪年假

12.其他不定期的奖励或福利

三、需满足哪些要求

1.大学学历，本科专科都行

2.工作努力上进，有强烈的进取心

3.英文能满足日常工作所需，四六级尤佳

4.能使用Office办公软件

5.学习能力强，心态好，能承受工作压力

6.可以接受国内外的短期出差

她就是发布这样的招聘信息，然后留了联系方式，不到两周就面试了好几位求职者，最后留下了两个作为业务助理来培养。

所以SOHO完全可以招到人，可以培养自己的团队，这不是不可能的任务，不要被一时的困难所吓倒，从而自我怀疑。

如果你一直都招不到人，那或许真实情况是你根本不会招。

7.4 招聘背后的逆向思维

01. 招聘外贸业务员的弊端

通过上一节的案例7-3我们会发现，这个招聘广告针对的职位是"外贸业务助理"，很多朋友自然会有疑惑，为什么不直接招外贸业务员呢？可以拿来就用，这不是更方便吗？

其实没有那么简单，现实和想象还是有不小出入的。我的一个河北的朋友就是这么做的，他认为自己刚开始SOHO，一个人忙不过来，需要人手，他愿意给予不错的提成，招聘有经验的业务员入职，业务员可以直接上手开展工作，公司可以节约培养的时间，直接盈利。

可结果，一年多时间，来了好多个经验丰富的业务员，但来了又走。到最后他发现他付了每个人薪水，但他们还没有产生价值就走了。

原因他最后总结了一下，大致有三点。

第一，有经验的业务员往往自视甚高，看不上SOHO的小公司，更加不愿意沉下心去工作。他们往往骑驴找马，一旦有更好的去处，就会毫不犹豫地离开，投奔想象中更光明的前途。

第二，很多业务员不愿意干所谓的"额外工作"。你让他跟单、对接工厂、出差验货，他都不愿意做，觉得这不是他的工作职责。他只愿意把所有的时间都用来开发和对接客户，用在销售端，老板都差遣不动。

第三，还有些业务员认为SOHO没有什么核心价值，他可以给一个正规企业打工，是因为企业有相应的资源，他为什么要给SOHO打工？没什么意思啊，他完全可以自己做SOHO，这不是更好？

因为有这些复杂的心理活动，很多业务员入职以后，状态不稳定，也很难真正把自己当成公司的一员。一旦有了这样的心态，只要工作中出现一些困难，只要对老板有些许不满，很快就会选择离开。

这就是直接招聘业务员的一个弊端，因为SOHO本身就是业务员，或者业务经理，你凭什么让其他业务员信任你，觉得跟着你混有前途？

大家都是同道中人，都有自己的预期，一旦觉得可能达不到期望，或者离自己的要求相去甚远，离开就成了一个自然的选项。

02. 招聘过程中的逆向思维

针对这一个令人头疼的问题，我的建议和处理方式是不直接招聘外贸业务员，而是采用"曲线救国"的模式招聘助理或者跟单员。

因为初创公司，大张旗鼓去开发业务，多点开花，甚至全面开花，这是不太现实的。还是需要脚踏实地，老板自己把业务抓起来，自己负责开发和销售的工作，然后招聘助理或跟单员，来协助自己把手中的项目处理好。

当你招聘业务助理或跟单员，别人依然过来应聘时，就说明对方的预期并不是太高，愿意接受这样的工作。所以入职以后，做相关的助理工作，做询价、跟单、单证，做其他各种琐碎的工作，并且协助你开展工作，就变得顺理成章。

在培养和磨合一段时间后，如果这个助理或跟单员对于销售环节有些悟性，也有相关兴趣，你完全可以进一步调整工作岗位，提拔他们做业务员，这就可以执行得十分自然。

人往高处走，有升迁的机会，有通过业务来赚取提成的机会，比固定工资肯定更好啊。有志于往业务方向发展的人，一定愿意抓住这样的机会，好好争取，好好表现。

因为她们是从助理或跟单岗位升上来的，继续兼着其他询价、跟单和相关琐碎的日常工作，也不至于太排斥。等将来业务稳定了，再逐渐卸掉其他不重要的工作，交给新人或其他同事来完成，就可以了。

所以这里我们要强调一个逆向思维，就是当你无法一步到位的时候，可以通过一个阶梯，来实现两步到位。两点之间直线距离最短，我们都知道。可没有办法直接走直线的时候，走曲线虽然慢一点，但同样可以达到终点，这是异曲同工的。

我曾经做过这样的尝试，直接招聘了几个有一点经验的业务员，他们往往有很多坏习惯，刚愎自用，难以听取别人的意见，工作不稳定，也不踏实。

反而，我招聘的几个跟单员把主管交代的事情保质保量地做好，控制好相应的风险，出错概率很低。然后我在其中挑选有灵性和悟性又特别渴望拿业务提成的跟单员，让他转做业务员，他就会很珍惜这样的机会，会全力去冲刺和表现自己，最后比业务员入职的员工要强上许多。

这让我重新反思自己的一些思维误区，我相信，对于大多数初创企业的SOHO而言，这也是一个值得深入思考的话题，大家可以根据自身情况做详细的分析。

无法一步到位，我们可以走两步、三步，可以慢一点，只要方向正确就不会偏差太远。

7.5　下一步怎么走

最后一个问题或许是很多外贸朋友在SOHO创业之初犹豫、纠结、思考的问题，它就是"下一步怎么走？"

SOHO或许是从0到1的第一步，那后面呢？后面的方向在哪里？怎么走才是对的？有没有一个明确的指引？

恕我直言，其实是没有的。因为你的路径，或许跟你最初的设想是完全不一样的。你也根本无法预期自己究竟能走到哪一步，能走到哪个阶段。

比尔·盖茨辍学创业的时候，他的理想或许仅仅是跟IBM合作，成为软件供应商。他如何能预见到自己未来能成为硅谷领袖，成为世界首富，成为无数年轻人心中的偶像？

马云在几次创业失败后注册了阿里巴巴。他又如何得知，阿里巴巴这次就能成功，而不是多增加一段失败的经历？当时他的面前只有一堆的困难，他甚至一度坦然承认，最初创业的时候没有什么高大上的理想，仅仅就是想赚点钱。

很多企业家创业之初，其实都看不到未来，也无法想象未来的变化和机会。

所以，目标也好，方向也好，都可以根据情况不断修改，这才是正确的。

譬如你去爬山，你的目标是登上山顶，看看山下的风光，一览众山小。但是爬到半路，你发现这条路不好走，前面有断崖，你需要换个方向，可能还需要使用装备，这都是一开始无法预见的。

条条大路通罗马，但是每条路都不是直线到底，而是有无数的转弯、无数的分叉口。有些路口会让你找到捷径，会快一些；也有些路口会带你走向更远的路，会耽搁许多时间。

创业的迷人之处就在于未来有一片迷雾，每个人都可以充满希望，想象迷雾背后的东西，但是在实现目标的过程中，你只能尝试着做，你无法看到这条路背后究竟是康庄大道，还是悬崖峭壁，需要一路向前，还是选择绕行。

下一步该怎么走，这取决于你的现状，取决于你的野心，也取决于你的能力和机遇。

也许，你选择从一个小SOHO开始拓展人员和团队，往正规贸易公司发展。

也许，你会考虑在依托现有订单和客户的基础上继续深挖，投建自营工厂。

也许，你仅仅把SOHO的工作当成项目在运营，目标是变成自由的大SOHO。

也许，你在创业过程中又发现了其他更好的项目，直接放弃外贸而转行。

从0到1的过程，对当下的我们而言，迈出的每一步，做的每一个决策，都属于下一步。每一个下一步构成了明天的你。

这本书的书名是《外贸创业1.0——SOHO轻资产创业》，这只是一个起步，SOHO或许只是大多数外贸人的第一步而已，至于未来你可以身居何处，没有人能够告诉你，包括你自己。

若用三句话来总结，我觉得外贸人的创业阶段或许可以这样分类。

外贸创业1.0：始于模仿，成于钻研。

外贸创业2.0：坚韧自守，化钝为利。

外贸创业3.0：石以砥焉，大巧不工。

还有没有4.0，有，但它是我们普通创业者所无法企及的层面，需要更多的天赋，更多的机遇，更了不起的人才和团队。

用郑板桥的《竹石》给本书作结尾吧。

咬定青山不放松，立根原在破岩中。

千磨万击还坚劲，任尔东西南北风。

书目介绍

乐贸系列

书名	作者	定价	书号	出版时间

📖 外贸创业系列

1. 外贸创业1.0：SOHO轻资产创业 　　毅 冰　　59.00元　978-7-5175-0490-0　2021年1月第1版

📖 国家出版基金项目

1. "一带一路"国家投资并购指南　　冯 斌　李洪亮　Gvantsa Dzneladze（格）　Tamar Menteshashvili（格）　98.00元　978-7-5175-0422-1　2020年3月第1版
2. "质"造全球：消费品出口SGS通标标准技术质量管控指南　　SGS通标标准技术服务有限公司　80.00元　978-7-5175-0289-0　2018年9月第1版

📖 跟着老外学外贸系列

1. 优势成交：老外这样做销售（第二版）　　Abdelhak Benkerroum（阿道）　58.00元　978-7-5175-0370-5　2019年10月第2版

📖 外贸SOHO系列

1. 外贸SOHO，你会做吗？　　黄见华　30.00元　978-7-5175-0141-1　2016年7月第1版

📖 跨境电商系列

1. 跨境电商全产业链时代：政策红利下迎机遇期　　曹磊　张周平　55.00元　978-7-5175-0349-1　2019年5月第1版
2. 外贸社交媒体营销新思维：向无效社交说No　　May（石少华）　55.00元　978-7-5175-0270-8　2018年6月第1版
3. 跨境电商多平台运营，你会做吗？　　董振国　贾卓　48.00元　978-7-5175-0255-5　2018年1月第1版
4. 跨境电商3.0时代——把握外贸转型时代风口　　朱秋城（Mr. Harris）　55.00元　978-7-5175-0140-4　2016年9月第1版
5. 118问玩转速卖通——跨境申商海外淘命令全攻略　　红鱼　38.00元　978-7-5175-0095-7　2016年1月第1版

📖 外贸职场高手系列

1. 外贸会计上班记（第二版）　　谭天　55.00元　978-7-5175-0439-9　2020年7月第2版
2. 开发：在外贸客户发掘中出奇制胜　　蔡译民（Chris）　55.00元　978-7-5175-0425-2　2020年6月第1版
3. MR. HUA创业手记（纪念版）——从0到1的"老华"创业思维　　华超　69.00元　978-7-5175-0430-6　2020年6月第1版
4. 新人走进外贸圈 职业角色怎么选　　黄涛　45.00元　978-7-5175-0387-3　2020年1月第1版
5. Ben教你做采购：金牌外贸业务员也要学　　朱子赋（Ben）　58.00元　978-7-5175-0386-6　2020年1月第1版
6. 思维对了，订单就来：颠覆外贸底层逻辑　　老A　58.00元　978-7-5175-0381-1　2020年1月第1版
7. 从零开始学外贸　　外贸人维尼　58.00元　978-7-5175-0382-8　2019年10月第1版
8. 小资本做大品牌：外贸企业品牌运营　　黄仁华著　58.00元　978-7-5175-0372-9　2019年10月第1版

书名	作者	定价	书号	出版时间
9. 金牌外贸企业给新员工的内训课	Lily 主编	55.00 元	978-7-5175-0337-8	2019 年 3 月第 1 版
10. 逆境生存：JAC 写给外贸企业的转型战略	JAC	55.00 元	978-7-5175-0315-6	2018 年 11 月第 1 版
11. 外贸大牛的营与销	丹 牛	48.00 元	978-7-5175-0304-0	2018 年 10 月第 1 版
12. 向外土司学外贸 1：业务可以这样做	外土司	55.00 元	978-7-5175-0248-7	2018 年 2 月第 1 版
13. 向外土司学外贸 2：营销可以这样做	外土司	55.00 元	978-7-5175-0247-0	2018 年 2 月第 1 版
14. 阴阳鱼给外贸新人的必修课	阴阳鱼	45.00 元	978-7-5175-0230-2	2017 年 11 月第 1 版
15. JAC 写给外贸公司老板的企管书	JAC	45.00 元	978-7-5175-0225-8	2017 年 10 月第 1 版
16. 外贸大牛的术与道	丹 牛	38.00 元	978-7-5175-0163-3	2016 年 10 月第 1 版
17. JAC 外贸谈判手记——JAC 和他的外贸故事	JAC	45.00 元	978-7-5175-0136-7	2016 年 8 月第 1 版
18. Mr. Hua 创业手记——从 0 到 1 的"华式"创业思维	华 超	45.00 元	978-7-5175-0089-6	2015 年 10 月第 1 版
19. JAC 外贸工具书——JAC 和他的外贸故事	JAC	45.00 元	978-7-5175-0053-7	2015 年 7 月第 1 版
20. 外贸菜鸟成长记(0~3 岁)	何嘉美	35.00 元	978-7-5175-0070-4	2015 年 6 月第 1 版

外贸操作实务子系列

书名	作者	定价	书号	出版时间
1. 外贸高手客户成交技巧 3：差异生存法则	毅 冰	69.00 元	978-7-5175-0378-1	2019 年 9 月第 1 版
2. 外贸高手客户成交技巧 2——揭秘买手思维	毅 冰	55.00 元	978-7-5175-0232-6	2018 年 1 月第 1 版
3. 外贸业务经理人手册(第三版)	陈文培	48.00 元	978-7-5175-0200-5	2017 年 6 月第 3 版
4. 外贸全流程攻略——进出口经理跟单手记(第二版)	温伟雄（马克老温）	38.00 元	978-7-5175-0197-8	2017 年 4 月第 2 版
5. 金牌外贸业务员找客户（第三版）——跨境电商时代开发客户的 9 种方法	张劲松	40.00 元	978-7-5175-0098-8	2016 年 1 月第 3 版
6. 实用外贸技巧助你轻松拿订单(第二版)	王陶（波锅涅）	30.00 元	978-7-5175-0072-8	2015 年 7 月第 2 版
7. 出口营销实战（第三版）	黄泰山	45.00 元	978-7-80165-932-3	2013 年 1 月第 3 版
8. 外贸实务疑难解惑 220 例	张浩清	38.00 元	978-7-80165-853-1	2012 年 1 月第 1 版
9. 外贸高手客户成交技巧	毅 冰	35.00 元	978-7-80165-841-8	2012 年 1 月第 1 版
10. 报检七日通	徐荣才 朱瑾瑜	22.00 元	978-7-80165-715-2	2010 年 8 月第 1 版
11. 外贸实用工具手册	本书编委会	32.00 元	978-7-80165-558-5	2009 年 1 月第 1 版
12. 快乐外贸七讲	朱芷萱	22.00 元	978-7-80165-373-4	2009 年 1 月第 1 版
13. 外贸七日通(最新修订版)	黄海涛（深海鱿鱼）	22.00 元	978-7-80165-397-0	2008 年 8 月第 3 版

出口风险管理子系列

书名	作者	定价	书号	出版时间
1. 轻松应对出口法律风险	韩宝庆	39.80 元	978-7-80165-822-7	2011 年 9 月第 1 版

书名	作者	定价	书号	出版时间
2. 出口风险管理实务(第二版)	冯 斌	48.00 元	978-7-80165-725-1	2010 年 4 月第 2 版
3. 50 种出口风险防范	王新华 陈丹凤	35.00 元	978-7-80165-647-6	2009 年 8 月第 1 版

外贸单证操作子系列

书名	作者	定价	书号	出版时间
1. 跟单信用证一本通(第二版)	何源	48.00 元	978-7-5175-0249-4	2018 年 9 月第 2 版
2. 外贸单证经理的成长日记(第二版)	曹顺祥	40.00 元	978-7-5175-0130-5	2016 年 6 月第 2 版
3. 信用证审单有问有答 280 例	李一平 徐珺	37.00 元	978-7-80165-761-9	2010 年 8 月第 1 版
4. 外贸单证解惑 280 例	龚玉和 齐朝阳	38.00 元	978-7-80165-638-4	2009 年 7 月第 1 版
5. 信用证 6 小时教程	黄海涛(深海鱿鱼)	25.00 元	978-7-80165-624-7	2009 年 4 月第 2 版
6. 跟单高手教你做跟单	汪 德	32.00 元	978-7-80165-623-0	2009 年 4 月第 1 版

福步外贸高手子系列

书名	作者	定价	书号	出版时间
1. 外贸技巧与邮件实战(第二版)	刘 云	38.00 元	978-7-5175-0221-0	2017 年 8 月第 2 版
2. 外贸电邮营销实战 ——小小开发信 订单滚滚来(第二版)	薄如骢	45.00 元	978-7-5175-0126-8	2016 年 5 月第 2 版
3. 巧用外贸邮件拿订单	刘 裕	45.00 元	978-7-80165-966-8	2013 年 8 月第 1 版

国际物流操作子系列

书名	作者	定价	书号	出版时间
1. 货代高手教你做货代 ——优秀货代笔记(第二版)	何银星	33.00 元	978-7-5175-0003-2	2014 年 2 月第 2 版
2. 国际物流操作风险防范 ——技巧·案例分析	孙家庆	32.00 元	978-7-80165-577-6	2009 年 4 月第 1 版

通关实务子系列

书名	作者	定价	书号	出版时间
1. 外贸企业轻松应对海关估价	熊 斌 赖 芸 王卫宁	35.00 元	978-7-80165-895-1	2012 年 9 月第 1 版
2. 报关实务一本通(第二版)	苏州工业园区海关	35.00 元	978-7-80165-889-0	2012 年 8 月第 2 版
3. 如何通过原产地证尽享关税优惠	南京出入境检验检疫局	50.00 元	978-7-80165-614-8	2009 年 4 月第 3 版

彻底搞懂子系列

书名	作者	定价	书号	出版时间
1. 彻底搞懂信用证(第三版)	王腾 曹红波	55.00 元	978-7-5175-0264-7	2018 年 5 月第 3 版
2. 彻底搞懂关税(第二版)	孙金彦	43.00 元	978-7-5175-0172-5	2017 年 1 月第 2 版
3. 彻底搞懂提单(第二版)	张敏 张鹏飞	38.00 元	978-7-5175-0164-0	2016 年 12 月第 2 版
4. 彻底搞懂中国自由贸易区优惠	刘德标 祖月	34.00 元	978-7-80165-762-6	2010 年 8 月第 1 版
5. 彻底搞懂贸易术语	陈 岩	33.00 元	978-7-80165-719-0	2010 年 2 月第 1 版
6. 彻底搞懂海运航线	唐丽敏	25.00 元	978-7-80165-644-5	2009 年 7 月第 1 版

外贸英语实战子系列

书名	作者	定价	书号	出版时间
1. 十天搞定外贸函电(白金版)	毅 冰	69.00 元	978-7-5175-0347-7	2019 年 4 月第 2 版
2. 让外贸邮件说话——读懂客户心理的分析术	蔡泽民(Chris)	38.00 元	978-7-5175-0167-1	2016 年 12 月第 1 版

书名	作者	定价	书号	出版时间
3. 外贸高手的口语秘籍	李凤	35.00元	978-7-80165-838-8	2012年2月第1版
4. 外贸英语函电实战	梁金水	25.00元	978-7-80165-705-3	2010年1月第1版
5. 外贸英语口语一本通	刘新法	29.00元	978-7-80165-537-0	2008年8月第1版

📖 外贸谈判子系列

1. 外贸英语谈判实战（第二版）	王慧 仲颖	38.00元	978-7-5175-0111-4	2016年3月第2版
2. 外贸谈判策略与技巧	赵立民	26.00元	978-7-80165-645-2	2009年7月第1版

📖 国际商务往来子系列

国际商务礼仪大讲堂	李嘉珊	26.00元	978-7-80165-640-7	2009年12月第1版

📖 贸易展会子系列

外贸参展全攻略——如何有效参加B2B贸易商展（第三版）	钟景松	38.00元	978-7-5175-0076-6	2015年8月第3版

📖 区域市场开发子系列

中东市场开发实战	刘军 沈一强	28.00元	978-7-80165-650-6	2009年9月第1版

📖 加工贸易操作子系列

1. 加工贸易实务操作与技巧	熊斌	35.00元	978-7-80165-809-8	2011年4月第1版
2. 加工贸易达人速成——操作案例与技巧	陈秋霞	28.00元	978-7-80165-891-3	2012年7月第1版

📖 乐税子系列

1. 外贸企业免退税实务——经验·技巧分享（第二版）	徐玉树 罗玉芳	55.00元	978-7-5175-0428-3	2020年5月第2版
2. 外贸会计账务处理实务——经验·技巧分享	徐玉树	38.00元	978-7-80165-958-3	2013年8月第1版
3. 生产企业免抵退税实务——经验·技巧分享(第二版)	徐玉树	42.00元	978-7-80165-936-1	2013年2月第2版
4. 外贸企业出口退(免)税常见错误解析100例	周朝勇	49.80元	978-7-80165-933-0	2013年2月第1版
5. 生产企业出口退(免)税常见错误解析115例	周朝勇	49.80元	978-7-80165-901-9	2013年1月第1版
6. 外汇核销指南	陈文培等	22.00元	978-7-80165-824-1	2011年8月第1版
7. 外贸企业出口退税操作手册	中国出口退税咨询网	42.00元	978-7-80165-818-0	2011年5月第1版
8. 生产企业免抵退税从入门到精通	中国出口退税咨询网	98.00元	978-7-80165-695-7	2010年1月第1版
9. 出口涉税会计实务精要（《外贸会计实务精要》第二版）	龙博客工作室	32.00元	978-7-80165-660-5	2009年9月第2版

书名	作者	定价	书号	出版时间

📖 专业报告子系列

1. 国际工程风险管理	张 燎	1980.00 元	978-7-80165-708-4	2010 年 1 月第 1 版
2. 涉外型企业海关事务风险管理报告	《涉外型企业海关事务风险管理报告》研究小组	1980.00 元	978-7-80165-666-7	2009 年 10 月第 1 版

📖 外贸企业管理子系列

1. 外贸经理人的 MBA	毅 冰	55.00 元	978-7-5175-0305-7	2018 年 10 月第 1 版
2. 小企业做大外贸的制胜法则——职业外贸经理人带队伍手记	胡伟锋	35.00 元	978-7-5175-0071-1	2015 年 7 月第 1 版
3. 小企业做大外贸的四项修炼	胡伟锋	26.00 元	978-7-80165-673-5	2010 年 1 月第 1 版

📖 国际贸易金融子系列

1. 国际结算单证热点疑义相与析	天九湾贸易金融研究汇	55.00 元	978-7-5175-0292-0	2018 年 9 月第 1 版
2. 国际结算与贸易融资实务（第二版）	李华根	55.00 元	978-7-5175-0252-4	2018 年 3 月第 1 版
3. 信用证风险防范与纠纷处理技巧	李道金	45.00 元	978-7-5175-0079-7	2015 年 10 月第 1 版
4. 国际贸易金融服务全程通（第二版）	郭党怀 张丽君 张贝	43.00 元	978-7-80165-864-7	2012 年 1 月第 2 版
5. 国际结算与贸易融资实务	李华根	42.00 元	978-7-80165-847-0	2011 年 12 月第 1 版

📖 毅冰谈外贸子系列

毅冰私房英语书——七天秀出外贸口语	毅 冰	35.00 元	978-7-80165-965-1	2013 年 9 月第 1 版

"创新型"跨境电商实训教材

跨境电子商务概论与实践	冯晓宁	48.00 元	978-7-5175-0313-2	2019 年 1 月第 1 版

"实用型"报关与国际货运专业教材

1. 国际货运代理操作实务（第二版）	杨鹏强	48.00 元	978-7-5175-0364-4	2019 年 8 月第 2 版
2. 集装箱班轮运输与管理实务	林益松	48.00 元	978-7-5175-0339-2	2019 年 3 月第 1 版
3. 航空货运代理实务(第二版)	杨鹏强	55.00 元	978-7-5175-0336-1	2019 年 1 月第 2 版
4. 进出口商品归类实务（第三版）	林 青	48.00 元	978-7-5175-0251-7	2018 年 3 月第 3 版
5. e 时代报关实务	王 云	40.00 元	978-7-5175-0142-8	2016 年 6 月第 1 版
6. 供应链管理实务	张远昌	48.00 元	978-7-5175-0051-3	2015 年 4 月第 1 版

书名	作者	定价	书号	出版时间
7. 电子口岸实务（第二版）	林青	35.00 元	978-7-5175-0027-8	2014 年 6 月第 2 版
8. 报检实务（第二版）	孔德民	38.00 元	978-7-80165-999-6	2014 年 3 月第 2 版
9. 现代关税实务（第二版）	李齐	35.00 元	978-7-80165-862-3	2012 年 1 月第 2 版
10. 国际贸易单证实务（第二版）	丁行政	45.00 元	978-7-80165-855-5	2012 年 1 月第 2 版
11. 报关实务（第三版）	杨鹏强	45.00 元	978-7-80165-825-8	2011 年 9 月第 3 版
12. 海关概论（第二版）	王意家	36.00 元	978-7-80165-805-0	2011 年 4 月第 2 版

"精讲型"国际贸易核心课程教材

书名	作者	定价	书号	出版时间
1. 国际贸易实务精讲（第七版）	田运银	49.50 元	978-7-5175-0260-9	2018 年 4 月第 7 版
2. 国际货运代理实务精讲（第二版）	杨占林 汤兴 官敏发	48.00 元	978-7-5175-0147-3	2016 年 8 月第 2 版
3. 海关法教程（第三版）	刘达芳	45.00 元	978-7-5175-0113-8	2016 年 4 月第 3 版
4. 国际电子商务实务精讲（第二版）	冯晓宁	45.00 元	978-7-5175-0092-6	2016 年 3 月第 2 版
5. 国际贸易单证精讲（第四版）	田运银	45.00 元	978-7-5175-0058-2	2015 年 6 月第 4 版
6. 国际贸易操作实训精讲（第二版）	田运银 胡少甫 史理 朱东红	48.00 元	978-7-5175-0052-0	2015 年 2 月第 2 版
7. 进出口商品归类实务精讲	倪淑如 倪波 田运银	48.00 元	978-7-5175-0016-2	2014 年 7 月第 1 版
8. 外贸单证实训精讲	龚玉和 齐朝阳	42.00 元	978-7-80165-937-8	2013 年 4 月第 1 版
9. 外贸英语函电实务精讲	傅龙海	42.00 元	978-7-80165-935-4	2013 年 2 月第 1 版
10. 国际结算实务精讲	庄乐梅 李菁	49.80 元	978-7-80165-929-3	2013 年 1 月第 1 版
11. 报关实务精讲	孔德民	48.00 元	978-7-80165-886-9	2012 年 6 月第 1 版
12. 国际商务谈判实务精讲	王慧 唐力忻	26.00 元	978-7-80165-826-5	2011 年 9 月第 1 版
13. 国际会展实务精讲	王重和	38.00 元	978-7-80165-807-4	2011 年 5 月第 1 版
14. 国际贸易实务疑难解答	田运银	20.00 元	978-7-80165-718-3	2010 年 9 月第 1 版

"实用型"国际贸易课程教材

书名	作者	定价	书号	出版时间
1. 外贸跟单实务（第二版）	罗艳	48.00 元	978-7-5175-0338-5	2019 年 1 月第 2 版
2. 海关报关实务	倪淑如 倪波	48.00 元	978-7-5175-0150-3	2016 年 9 月第 1 版
3. 国际金融实务	李齐 唐晓林	48.00 元	978-7-5175-0134-3	2016 年 6 月第 1 版
4. 国际贸易实务	丁行政 罗艳	48.00 元	978-7-80165-962-0	2013 年 8 月第 1 版

中小企业财会实务操作系列丛书

书名	作者	定价	书号	出版时间
1. 做顶尖成本会计应知应会 150 问（第二版）	张胜	48.00 元	978-7-5175-0275-3	2018 年 6 月第 2 版
2. 小企业会计疑难解惑 300 例	刘华 刘方周	39.80 元	978-7-80165-845-6	2012 年 1 月第 1 版
3. 会计实务操作一本通	吴虹雁	35.00 元	978-7-80165-751-0	2010 年 8 月第 1 版